CÓMO HACER MÁS HACIENDO MENOS

Acelera tu Productividad y Administra tu Vida cómo Siempre has Deseado con estas Estrategias Efectivas

ZACH COOPER

© **Copyright 2022 – Zach Cooper - Todos los derechos reservados.**

Este documento está orientado a proporcionar información exacta y confiable con respecto al tema tratado. La publicación se vende con la idea de que el editor no tiene la obligación de prestar servicios oficialmente autorizados o de otro modo calificados. Si es necesario un consejo legal o profesional, se debe consultar con un individuo practicado en la profesión.

- Tomado de una Declaración de Principios que fue aceptada y aprobada por unanimidad por un Comité del Colegio de Abogados de Estados Unidos y un Comité de Editores y Asociaciones.

De ninguna manera es legal reproducir, duplicar o transmitir cualquier parte de este documento en forma electrónica o impresa.

La grabación de esta publicación está estrictamente prohibida y no se permite el almacenamiento de este documento a menos que cuente con el permiso por escrito del editor. Todos los derechos reservados.

La información provista en este documento es considerada veraz y coherente, en el sentido de que cualquier responsabilidad, en términos de falta de atención o de otro tipo, por el uso o abuso de cualquier política, proceso o dirección contenida en el mismo, es responsabilidad absoluta y exclusiva del lector receptor. Bajo ninguna circunstancia se responsabilizará legalmente al editor por cualquier reparación, daño o pérdida monetaria como consecuencia de la información contenida en este documento, ya sea directa o indirectamente.

Los autores respectivos poseen todos los derechos de autor que no pertenecen al editor.

La información contenida en este documento se ofrece únicamente con fines informativos, y es universal como tal. La presentación de la información se realiza sin contrato y sin ningún tipo de garantía endosada.

El uso de marcas comerciales en este documento carece de consentimiento, y la publicación de la marca comercial no tiene ni el permiso ni el respaldo del propietario de la misma.

Todas las marcas comerciales dentro de este libro se usan solo para fines de aclaración y pertenecen a sus propietarios, quienes no están relacionados con este documento.

Índice

Introducción	vii
1. Autodisciplina	1
2. Claves de la autodisciplina	7
3. Detener la procrastinación	29
4. Superar la procrastinación	43
5. Cómo cambiar	59
6. Vivir con intención	73
7. Establecer objetivos	95
8. Enfoque en tus metas	101
9. Establecer fuerza de voluntad	119
10. Simplifica tu vida	131
11. Ordenar tu entorno	143
12. Consejos y trucos finales	155
Conclusión	167

Introducción

Si tienes este libro en tus manos, es posible que te encuentres en un ciclo vicioso de procrastinación, distracciones y con varias listas de proyectos y quehaceres que no has podido terminar o incluso empezar. Lograr tomar las riendas de tu vida es sumamente importante para lograr todo eso que tanto anhelas o simplemente para tener un día a día con mucho menos estrés y preocupaciones.

Cuando comiences a administrar el tiempo de vida diaria de manera correcta, tendrás mucho más espacio para concentrarte en las tareas que son más importantes y tienen una mayor prioridad para ayudarte a lograr tus objetivos. Esto puede diferenciarte de los demás y aumentar tu éxito.

Puede que descubras más sobre ti mismo/a y lo que más te importa.

Aprenderás sobre una variedad de temas relacionados con la procrastinación y la productividad, que son importantes para que mejores tus hábitos. Si alguna vez necesitaste una señal de que puedes mejorar tu vida y administrarte de manera más eficiente, ¡es esta!

En estas páginas, encontrarás una serie de consejos relacionados con los pasos a seguir para comenzar a administrar tu vida y hacer más de ella con menos: comenzaremos por discutir la importancia de la autodisciplina, el por qué debes detener la procrastinación, maneras para cambiar y vivir con intención, establecer objetivos, enfocarte en tus metas, ordenar tu entorno y, en general, simplificar tu vida.

Hay muchos libros sobre este tema en el mercado, así que gracias de nuevo por elegir este. Se hizo todo lo posible para garantizar que esté lleno de la mayor cantidad de información útil posible, ¡disfrútalo y aplícalo!

1

Autodisciplina

¿QUÉ ES LA AUTODISCIPLINA? Se trata simplemente de la capacidad de obligarte a hacer cosas que te das cuenta que deberías hacer (en cualquier circunstancia), cuando preferirías no hacerlo. La autodisciplina también implica la fuerza que necesitas para controlarte e impulsarte, mantenerte al día y tomar la decisión más sabia.

La preparación y el control de uno mismo y de las acciones que tomamos se dirigen, en su mayor parte, a la mejora individual. La autodisciplina se muestra en diferentes estructuras, por ejemplo, firmeza, restricción, continuidad, pensar antes de actuar, completar lo que empiezas a hacer y poder seguir adelante con las elecciones y los planes individuales a pesar de las molestias, las dificultades o las obstrucciones.

La autodisciplina también implica autocontrol, la capacidad de evitar una sobreabundancia indeseable de cualquier cosa que pueda provocar resultados adversos. Uno de los principales atributos de la autodisciplina es la capacidad de renunciar al placer y la alegría momentáneos y rápidos, por alguna adición más destacada o resultados más satisfactorios, independientemente de si esto requiere esfuerzo y tiempo.

El término autodisciplina provoca con frecuencia cierta angustia y resistencia, por la idea equivocada de que es algo horrendo, difícil de conseguir, y que requiere mucho esfuerzo y penitencia. Pero en realidad, practicar y ejercer la autodisciplina puede ser divertido, no requiere esfuerzos extenuantes y las ventajas son increíbles.

La autodisciplina natural ciertamente no es una cárcel o un estilo de vida prohibitivo como podrían sospechar algunas personas, y no tiene nada que ver con ser extremista o vivir como un faquir. Es la declaración de calidad interior y resiliencia, imprescindible para gestionar los asuntos del día a día y para el cumplimiento de las metas.

La autodisciplina, junto con la fuerza de voluntad, pueden ayudarte a vencer la pereza, la desidia y la incertidumbre.

Estas habilidades hacen que sea posible que realices una acción y continuar con ella, independientemente de si la actividad es desagradable y/o requiere esfuerzo.

. . .

La autodisciplina te permite practicar el control en lo que haces, volverte progresivamente tranquilo/a, tolerante, comprensivo/a y amable. Asimismo, te anima a soportar el peso exterior y el impacto de lo que no controlas.

Una persona con autodisciplina es cada vez más confiable y dedica más tiempo y esfuerzo a lo que hace. Un individuo con disciplina está obligado a asumir la responsabilidad de su vida, establecer metas y encontrar la manera de lograrlas: la autodisciplina comienza con el dominio de tus reflexiones.

Si no controlas lo que piensas, no puedes controlar lo que haces. Simplemente, la autodisciplina te permite pensar primero y actuar poco tiempo después. La disciplina realmente implica nuestra capacidad de lograr que hagamos cosas cuando no las necesitamos".

La autodisciplina es un tipo de libertad: libertad de la pereza y la torpeza, libertad de los deseos y solicitudes de los demás, libertad de la debilidad y el temor y la incertidumbre.

La autodisciplina permite a un lanzador sentir su singularidad, su calidad interna, estar en control en lugar de cautivo de sus consideraciones y sentimientos.

. . .

El avance del carácter es el asunto extraordinario de la vida. Tu capacidad para construir una notoriedad por ser una persona con sentido del humor y respeto es el logro más elevado del crecimiento social y empresarial.

El individuo que eres hoy, tu carácter más profundo, es el conjunto de cada una de tus decisiones y elecciones en la vida hasta la fecha. Cada vez que has elegido adecuadamente y has actuado de manera confiable con lo mejor que sabes, has fortalecido tu carácter y mejorado como individuo.

Un proceso inverso también es válido: cada vez que has socavado, tomado el camino fácil o llevado a cabo de una manera que contradice lo que sabías que era correcto, has debilitado tu carácter y suavizado tu estilo.

Hay una progresión de excelencias o cualidades que normalmente son controladas por un individuo de carácter. Estos son la audacia, la empatía, la liberalidad, el equilibrio, el ingenio y la disposición amable, entre otros.

Antecede a cada una de estas cualidades, en todo caso, la más significativa de todas a la hora de decidir la profundidad y calidad de tu carácter: la honradez. Es tu grado de honestidad, vivir en completa verdad contigo mismo/a y con otras personas, lo que muestra más que nada la naturaleza de tu carácter.

Por así decirlo, la rectitud es el valor que asegura las diversas cualidades. En el momento en que tu nivel de confiabilidad es mayor, eres más justo/a contigo mismo/a y te comprometes a vivir de manera confiable con los numerosos atributos que anhelas y aprecias.

Sea como fuere, se necesita una gran autodisciplina para convertirse en una persona de carácter. Se necesita mucha fuerza de voluntad para "tomar la mejor decisión" de manera constante en cada circunstancia. Es más, se necesita tanto autodisciplina como fuerza de voluntad para oponerse a la compulsión de transigir, tomar el camino fácil o representar una ventaja a corto plazo. Toda la vida es una prueba, para percibir de qué estás hecho/a genuinamente en lo más profundo de tu interior.

El conocimiento se puede crear en privado a través del examen y la reflexión, pero el carácter se puede desarrollar de manera única en el toma y daca de la vida cotidiana cuando te ves con la obligación de elegir opciones y tentaciones.

Es justo cuando te sientes presionado/a, cuando se te obliga a elegir de alguna manera, ya sea para vivir de manera confiable con un valor o para negociarlo, que muestras tu carácter real. Eres una "forma de vida recolectora". Estás continuamente asentándote en decisiones, de una forma u otra.

Cada decisión que tomas es un anuncio sobre tus cualidades y necesidades reales. A cada minuto, eliges lo que es cada vez más significativo o de mayor incentivo para ti sobre lo que es menos significativo o de menor valor.

La principal defensa contra la seducción, el curso de acción más fácil y el factor práctico es el carácter. La forma principal en que puedes desarrollar tu carácter completo es aplicando tu fuerza de voluntad en cada circunstancia cuando te sientas con la tentación de hacer lo que es simple y conveniente en lugar de lo que es correcto e importante.

2

Claves de la autodisciplina

BAJO LA POSIBILIDAD de que necesites hacer algún tipo de cambio a lo largo de tu vida, es la autodisciplina lo que te ayudará a alcanzar tu objetivo (cuando tengas mucha autodisciplina) o llevarte a empezar de nuevo (en caso de que tengas poca). ¿Cómo construirías la autodisciplina y te opondrías a las tentaciones para lograr tus objetivos a largo plazo? ¿Existen varios tipos de autodisciplina?

La autodisciplina a largo plazo también se conoce como terquedad, también conocida como determinación. Esta es tu capacidad a largo plazo para concentrarte en objetivos importantes en lugar de interrupciones cotidianas sin importancia. Una persona que muestra autodisciplina a largo plazo se adherirá a sus objetivos durante un período de tiempo considerable: años, décadas o el tiempo que se tome para hacer que sus fantasías funcionen como se espera.

Este tipo de autodisciplina espera que te concentres en lo que haces cada día en lugar de lo que haces de vez en cuando. Por lo tanto, también puedes llamarlo "adherirse a la actividad". El enfoque ideal para preparar este tipo de autodisciplina es participar en aventuras difíciles y obtener habilidades complicadas que requieren mucho tiempo y esfuerzo para aprender. Fundamentalmente, debes prepararte para ser tolerante y decidido/a cada día, decidir participar diario en este movimiento problemático en lugar de caer en la pereza.

La fuerza de voluntad es tu habilidad para controlar las tentaciones que llegan a ti todos los días. Con fuerza de voluntad, puedes rechazar un delicioso trozo de pastel y optar por el producto saludable. La fuerza de voluntad te permite pensar con claridad sin dejar que la intuición apasionada elija por ti.

Este tipo de autodisciplina tiene que ver con tu capacidad para resistir bajo una angustia transitoria, independientemente de si se siente angustioso participar en algo (hacer ejercicio, conversar con alguien nuevo, confrontar sus aprehensiones) o se siente difícil no participar en algo (beber licor, ir de compras, etc.).

El enfoque ideal para preparar la fuerza de voluntad es obligarte a realizar algo nuevo constantemente.

Por ejemplo, puedes limpiar, participar en ejercicios extenuantes o hacer cosas incómodas como hablar abiertamente o presentarte con alguna persona que no conoces, pero te parece atractiva.

Estas son 5 claves para la autodisciplina:

1. Una gran motivación: tu "porqué"

Independientemente de cuánta autodisciplina tengas, no puedes impulsarte a seguir logrando algo que aborreces. Por lo tanto, si no tienes una buena motivación detrás de por qué quieres lograr algo, no tendrás éxito.

La autodisciplina está relacionada con la elección de tus objetivos a largo plazo sobre tus tentaciones. En el caso de que tus objetivos a largo plazo no traigan una recompensa mucho mayor que cualquier tentación instantánea, tus probabilidades de oponerte a ésta son cero. Esto no significa que tener un "porqué" innovador será suficiente para que se resuelvan solos cada uno de tus problemas, pero simplificará mucho las cosas.

Entonces... ¿Cuál es tu gran "por qué"? Deberíamos imaginar que probablemente te pondrás más en forma. Ese es un buen objetivo, pero no será suficiente cuando sientas un anhelo asombroso de comer chocolate.

Este objetivo no provoca una reacción increíble y apasionada ya que no es lo suficientemente explícito. No cuenta una historia, no te da la motivación detrás de por qué necesitas lograrlo.

¿Qué tal si lo cambiamos a algo cada vez más explícito?

Debes perder 7 kilos antes de que finalice la primavera para ir a Hawái para las vacaciones. Bueno, ese es un mejor objetivo, ¿dirías que no lo es? Imagínate en la orilla del mar, recibiendo una carga de los cálidos rayos del sol en ese bello traje de baño (o pantalones cortos de baño frescos) y sintiéndote sano/a y dinámico/a en tu nuevo cuerpo.

Imagina perseguir una pelota inflable y oler el mar fresco.

Visualiza la vitalidad recorriendo tu cuerpo, energizándote para encontrar toda la belleza de las islas hawaianas.

Visualiza todos los increíbles recuerdos que te llevarás a casa… Ahora echa un vistazo a esa barra de chocolate.

¿Está muy justificado, a pesar de todos los problemas, renunciar a esta visión innovadora por una breve erupción de azúcar?

. . .

En el caso de que tu "por qué" sea lo suficientemente increíble, no te detendrás ni un segundo para obtener tu respuesta: "¡No voy a renunciar!" Piensa en una gran motivación que te recuerde por qué te adheriste a tus objetivos. Ayúdate a recordarlo cada vez que te sientas tentado o tentada a rendirte.

2. Hábitos

Lo que mucha gente no entiende acerca de los hábitos es que podemos utilizarlos en lugar de la autodisciplina.

Lo creas o no, realmente no necesitas más autodisciplina de la que tienes ahora si utilizas la intensidad de los hábitos para hacer cambios a lo largo de tu vida.

Supón que tienes una propensión a cepillarte los dientes inmediatamente después de despertarte (realmente confío en que tengas esa propensión). ¿Necesitas alguna medida de autodisciplina para cepillarte los dientes todos los días?

¿No? Eso es lo que pensé. Sería terrible si lo necesitaras.
De todos modos, discrepo.

Supongamos que necesitas realizar algunos cambios a lo largo de tu vida, y aun así creas fuertes excusas.

. . .

Desaprobar un anhelo es una ocupación difícil, especialmente durante los períodos iniciales que llevan al cambio a lo largo de tu vida. Sin embargo, no tiene por qué ser tan difícil si sabes cómo crear hábitos. Aquí está:

1. Crea un estímulo, es una señal para evitar tu indisposición.

2. Propón una actividad, es tu acción principal después de la señal.

3. Inventa una recompensa: ¿qué te persuadirá a dar el siguiente paso?

Bebe un batido después de un ejercicio, lee detenidamente un libro durante una hora después de trabajar en tu negocio secundario, ten una noche de fiesta con tus mejores amigos, etc. Supongamos que necesitas lograr comer una taza de verduras al día, debemos fabricar esta propensión sobre cualquier otra intención.

Si sueles comer a las 3 p.m., asegúrate de pelar las verduras ANTES de comer cualquier otra cosa o solicítalas primero (antes del plato principal). Actividad: comer una taza de verduras. Recompensa: pregúntate qué podría inspirarte a seguir repitiendo esta conducta…

¿La inclinación posterior a comer una cena sólida te hace bien? Esa es tu recompensa de capacidad latente.

¿Necesitas algo progresivamente sustancial? Recompénsate con algo sonoro pero maravilloso, por ejemplo, tomando un breve descanso o bebiendo tu té/espresso preferido.

. . .

En el momento en que tu nueva conducta se mecanice (toma en general 66 días para acostumbrarse a una nueva tendencia), no necesitarás la autodisciplina para continuar haciéndolo. Imagina un escenario en el que necesitas ajustar una propensión.

1. Identifica el horario diario. ¿Cuál es la conducta negativa de la que debes deshacerte? Supongamos que estás comiendo una barra de chocolate inmediatamente después de la cena.

2. Identifica la recompensa. ¿Por qué haces lo que haces? Se necesitan algunas pruebas para encontrar la respuesta correcta.

Para empezar, averigüemos si es el anhelo lo que te impulsa a comerlo. Come un poco más que antes, tanto que te sientas lleno/a. ¿A pesar de esto sigues queriendo una barra de chocolate? Suponiendo que este sea el caso, prueba otra recompensa potencial que te gustaría.

Reemplaza esa barra de chocolate por una golosina, ¿sigue siendo tan grande tu antojo por una barra de chocolate? ¿No? Significa que no anhelas el chocolate, sino presumiblemente algo dulce.

¿Qué tal si lo probamos más a fondo? Reemplaza la golosina con una manzana. ¿A pesar de todo, lo que quieres es seguir con una pésima alimentación? Si no, has reconocido la recompensa que estás persiguiendo. ¿A pesar de saberlo, te gustaría seguir comiendo alimentos de mala calidad? Continúa buscando.

¿Qué tal si probamos otra posibilidad? Come algo que nunca has comido (o algo que comes de vez en cuando).

¿Tú, a pesar de todo, quieres esa barra de chocolate? Si no, has distinguido la recompensa. Tu régimen de alimentación es demasiado plano y comes postres para aportar algo de variedad a tu régimen de alimentación.

3. Identifica el estímulo. ¿Cuándo y dónde exactamente sientes el anhelo?, ¿qué estabas haciendo antes de pensar en ello?, ¿quién estaba contigo?, ¿cómo podrías sentirte?

Al igual que al reconocer la recompensa, separa los estímulos potenciales distintivos.

Cuando tengas todo con sentido, puedes establecer una nueva conducta para superar la actual. Si generalmente comes una barra de chocolate justo después de la cena porque sientes hartazgo de tu rutina de alimentación plana, come un producto orgánico alternativo justo después de cada comida. O, de nuevo, utiliza varios sabores para tu cena básica.

. . .

O, por otro lado, intenta una alimentación variada por todos lados. Si fue la necesidad de variedad lo que te llevó a comer una barra de chocolate, estas progresiones deberían funcionar. Ajusta la totalidad de tus patrones de comportamiento negativos de la misma manera. Crea hábitos que roboticen tus prácticas sólidas (y prevengan las malas).

3. Autoconciencia

¿Te has rendido, en algún momento, ante una tentación sin prestar atención a lo que estabas haciendo? Trata de no sentirte mal, todos hemos tenido esta conducta. En el momento en el que te distraes, la parte consistente de tu cerebro se ha ido, y te quedas con esa terrible y arruinada parte de tu mente que necesita todo ahora.

La autoconciencia es algo importante que puede representar el momento de la verdad en tus objetivos. Si tu cerebro vaga continuamente desde cualquier lugar en el que te encuentres ahora, te resultará difícil desaprobar un deseo. Y luego, tu "porqué" no sirve de nada: no lo considerarás antes de que un poco de chocolate desaparezca en tu boca (o antes de descansar en lugar de dirigirte al gimnasio).

¿Cómo abordar este problema? Claramente, el paso inicial es eliminar las interrupciones regulares. La vida basada en Internet, los mensajes y otras advertencias en tu teléfono pueden distraer tu mente de manera efectiva en función de lo que estás haciendo.

. . .

El siguiente avance, que en realidad es una pieza colosal de autodisciplina, es la reflexión. La contemplación prepara tu cerebro para permanecer enfocado en el momento presente; se necesita mucha fuerza de voluntad para quedarse quieto y concentrarse en la respiración, en cualquier caso, solo durante unos minutos. No es simplemente mi opinión: los estudios muestran que la reflexión provoca cambios positivos en el cíngulo anterior, lo que lleva a un autocontrol desarrollado.

Aquí están unos consejos para impulsarte a volverte cada vez más disciplinado/a: comienza con una sesión de 5 minutos cada mañana. Siéntate en una posición agradable, cierra los ojos y concéntrate en cada inhalación y exhalación. Tu mente se alejará flotando, eso está bien. Simplemente intenta regresar a tu respiración.

Un largo tiempo de tal práctica te ayudará a calmar tu cerebro hiperactivo y a ser cada vez más consciente de las circunstancias en las que se prueba tu autodisciplina. Aprende a concentrarte más en el momento presente; el olvido es una de las razones más reconocidas por las que las personas no pueden evitar sus tentaciones.

4. Tu círculo social
El impacto social es un factor crítico en la disciplina. Si

un pariente o un compañero es propenso a ignorar sus objetivos, tú también tienes la propensión a hacerlo.

Cuanto más cerca está alguien de ti, más impacto tiene sobre ti. Somos parecidos a las cinco personas con las que invertimos más tiempo y energía.

¿Qué tiene que ver todo esto para ocupar la disciplina en tu vida? De la misma manera que podrías tener patrones dietéticos terribles cuando tus compañeros los tienen, también podrían influir en tu autodisciplina.

Uno de mis queridos amigos comenzó a pasar tiempo con personas que no eran exactamente proactivas. Unos meses después de esto, su vida cotidiana normal era casi el duplicado de la vida de estas personas: jugar juegos de computadora, pasar el rato sin hacer nada y gastando cantidades desafortunadas constantemente.

Justo cuando cortó lazos con estos individuos varios años después del hecho, su vida progresó. Se reenfocó para implementar mejoras constructivas en su vida, y su autodisciplina mejoró tanto que tuvo la opción de deshacerse de la mayoría de las propensiones desafortunadas "copiadas" de estas personas.

. . .

¿Tu grupo de amigos te insta a implementar mejoras positivas o afecta negativamente tu vida? ¿Hay alguien que te haga sentir especialmente bien y alguien que constantemente desafía tu fuerza de voluntad? ¿Cómo podrías reducir el tiempo que pasas con la persona que afecta tu vida e invertir más energía a aquellos que más te aportan?

En cada problema cotidiano, la forma más sencilla de progresar es quedarse con personas fructíferas y con objetivos similares. Aquí hay varias formas diferentes de cómo puedes utilizar la intensidad del impacto social en su vida:

1. Participa en discusiones y reuniones en línea.

No necesitas deshacerte de tus amistades, simplemente invierte más tiempo en conectarte con personas organizadas en línea para obtener una parte de su vitalidad en tu vida.

2. Mantén a un buen ejemplo o consigue un mentor. Si puedes asumir el costo, obtén un mentor que te mantenga responsable y cuyos hábitos y características te gustaría tener. En el caso de que no puedas conseguir un mentor, descubre una guía a través de libros; intenta buscar una prioridad principal cuando sientas la tentación de rendirte.

3. Asóciate. Encuentra a alguien que también quiera presentar cambios indistinguibles y responsabilícense mutuamente. Puede ser un compañero, familiar o algún conocido.

Rodéate de personas que te ayuden en lugar de incitarte a rendirte.

. . .

5. Estrés

¿Has cedido en algún momento a una tentación porque necesitabas recompensarte después de un sentimiento terrible? En caso de que seas similar a mí (y a millones de personas más), te ha sucedido más de una vez. La fuerza de voluntad es solo un poco de un acertijo mayor: en el caso de que una de las partes no encaje, el resto tampoco tiene ningún sentido.

Uno de los elementos que afectan enormemente tu vida y tu autodisciplina, un gran acertijo, es algo de lo que mucha gente piensa poco. Aquí lo discutimos... el estrés.

El estrés te hace increíblemente pobre en autocontrol: universitarios a los que se les estudió detallaron un aumento en el consumo de tabaco y cafeína como resultado del estrés.

Su régimen alimentario y de descanso se debilitó, batallaron con el control de sus sentimientos, se ejercitaron menos, dieron menos consideración a las tareas de la unidad familiar y hábitos de autocuidado. Eran igualmente irreflexivos acerca de los deberes y los gastos.

Teniendo todo en cuenta, estaban en un momento realmente desagradable, todo debido a la sobrecarga. En el momento en que tu estado de ánimo se vuelve amargo, tu cerebro siempre fuerte comienza a buscar algo para levantar el ánimo, generalmente fácil de obtener, la recompensa que necesita para mantener una distancia estratégica del problema: comer, beber, fumar, ir de compras, navegar por Internet, jugar juegos de computadora, etc.

El estrés es una parte natural de nuestras vidas, y es absurdo pensar que podemos deshacernos de él por completo. Sea como sea, no significa que debas dejar que influya en tu autodisciplina. Los ejercicios básicos pueden disminuir extraordinariamente los grados de preocupación en tu vida, la clave es centrarte en estrategias que proporcionen una reacción de alivio de la presión más prolongada, previniendo una llegada rápida de la tensión.

Aquí hay un par de enfoques sólidos para disminuir la presión, sin poner a prueba tu autocontrol: lee un libro, sal a caminar (particularmente en la naturaleza), meditar (anteriormente examinamos lo increíble que es), hazte un masaje en la espalda (ir con experto es maravilloso, sin embargo, un masaje de principiantes proveniente de algún amigo o pareja puede ser igualmente aceptable), pasa tiempo con tus seres queridos.

Si tienes la posibilidad de fracasar al oponerte a una tentación, no te examines a ti mismo/a, no te hagas sentir culpable. Reconoce que cometiste un error y sigue adelante. La autoinculpación puede aumentar tus niveles de estrés y, en consecuencia, conducirte a una fuerza de voluntad debilitada (y muchos más problemas).

No subestimes la intensidad del estrés.

Disminuye tu tensión constantemente para adherirte mejor a tus objetivos. Estas primeras cinco claves para la autodisciplina son el 20% de los ejercicios que te traerán el 80% de los resultados. Si no te enfocas en nada más que en estas cinco cosas, ciertamente mejorarás tu fuerza de voluntad y te volverás mucho más capaz de dominar tus objetivos.

Puede ser difícil de continuar cuando te enfrentas a un postre con helado o la posibilidad de quedarte dormido/a en lugar de realizar tus deberes, pero recuerda que las personas con autodisciplina son más felices.

Las personas con un mayor nivel de autocontrol invierten menos energía discutiendo si disfrutan de prácticas que son negativas para su bienestar y pueden decidirse por opciones positivas con mayor eficacia. No dejan que las motivaciones o las emociones dirijan sus decisiones; más bien, se deciden por opciones razonables.

Así, en general, se sentirán cada vez más felices con sus vidas. Hay cosas que puedes hacer para aprender autodisciplina e incrementar la fuerza de voluntad para llevar una vida más feliz. Si esperas asumir la responsabilidad de tus hábitos y decisiones, las siguientes son las diez cosas más importantes que puedes hacer para dominar la autodisciplina.

Conoce tus debilidades

Nosotros, como todos, tenemos debilidades. Independientemente de si son refrigerios, por ejemplo, papas fritas o golosinas con chispas de chocolate; o innovación, por ejemplo, Facebook o la última aplicación de juego adictivo, efectivamente nos afectan.

Reconoce tus deficiencias, sean las que sean. Una y otra vez, las personas intentan imaginar que sus vulnerabilidades no existen o esconden cualquier enredo en sus vidas. No lo hagas, verbaliza tus defectos. No puedes conquistarlos hasta que lo hagas.

Expulsa las tentaciones

Que no sean motivo de preocupación. Puede parecer sin sentido, pero esta expresión ofrece una guía increíble: básicamente, al expulsar tus mayores tentaciones de tu alcance inmediato, mejorarás significativamente tu autodisciplina.

Si deseas comer mejor, no compres alimentos de baja calidad. En el caso de que necesites mejorar tu productividad en el trabajo, apaga las notificaciones de tu celular o siléncialo. Cuantas menos interrupciones tengas, más concentrado/a estarás en lograr tus objetivos. Prepárate para el progreso descartando impactos terribles.

Establece metas claras y ten un plan de acción

Debes ser consciente de lo que quieres lograr, también debes tener una comprensión de lo que el logro significa para ti. A fin de cuentas, cuando no tienes la menor idea de hacia dónde te diriges, es todo menos difícil perder la dirección o desviarte.

Puedes establecer un esquema inconfundible como un diagrama con cada progresión que debes realizar para llegar a tus objetivos. Da sentido a lo que es tu identidad y lo que te interesa, crea un mantra para mantenerte enfocado/a. Las personas fructíferas hacen uso de este sistema para permanecer en el camino y desarrollar un objetivo final razonable.

Fabrica tu autodisciplina

No nacemos en el mundo con autodisciplina, es una conducta aprendida. Además, al igual que cualquier otra habilidad que necesites dominar, requiere práctica y reiteración día a día. Al igual que dirigirse a hacer ejercicio, la fuerza de voluntad y la autodisciplina requieren una gran cantidad de trabajo.

. . .

El esfuerzo y el enfoque que requiere la autodisciplina pueden ser agotadores. A largo plazo, puede resultar cada vez más difícil mantener en secreto tu fuerza de voluntad.

Cuanto mayor sea la tentación o la prueba, más difícil puede sentirse el manejar otras tareas que también requieren autocontrol. Así que trata de construir tu autodisciplina a través de la determinación diaria.

Crea nuevos hábitos, fáciles de seguir

Obtener autodisciplina y tratar de responder a nuevos estímulos puede parecer abrumador desde el principio, especialmente si te enfocas en todo el trabajo que debe hacerse. Para abstenerte de sentir miedo, mantén el proceso básico: divide tu objetivo en pequeños avances posibles.

En lugar de intentar hacer una gran diferencia el doble de importante, concéntrate en hacer una cosa de manera confiable y domina la autodisciplina a la luz de ese objetivo: si estás tratando de ponerte en forma, comienza ejercitándote 10 o 15 minutos por día; si estás tratando de lograr mejores hábitos de descanso, comienza por irte a dormir 15 minutos antes cada noche; si deseas comer mejor, comienza preparando el almuerzo la noche anterior para llevarlo al comienzo del día. Da pasos de niño.

. . .

Al final, cuando estés preparado/a, puedes agregar objetivos más complicados.

Come regularmente y sano

El sentimiento de estar hambriento/a, esa sensación de ira, irritación y perturbación que tienes cuando estás ansioso/a por comer, es genuino y puede afectar sustancialmente la fuerza de voluntad. La investigación ha demostrado que la glucosa baja debilita con frecuencia la determinación de un individuo, haciéndolo gruñón y escéptico.

Cuando estás ansioso/a, tu capacidad de pensar disminuye y tu mente tampoco funciona. Es probable que tu autocontrol esté debilitado en todas las áreas, incluida la dieta, el ejercicio, el trabajo y las conexiones. Así que llénate de energía con recordatorios y cenas estándar para mantener tus propósitos.

Cambia tu observación sobre la fuerza de voluntad

Si piensas que tienes una cantidad restringida de fuerza de voluntad, presumiblemente no superarás los puntos de inflexión. Si no pones un límite a tu autocontrol, te inclinarás menos a debilitarte antes de alcanzar tus metas.

Para decirlo claramente, podría ser que nuestros orígenes internos sobre la fuerza de voluntad y el autocontrol decidan la cantidad de ellos que tenemos. Si puedes eliminar estos obstáculos intuitivos y confiar genuinamente en que puedes hacerlo, entonces obtendrás un aumento adicional de motivación para hacer realidad esos objetivos.

Construye un plan de refuerzo
Los analistas utilizan un sistema para ayudar a la fuerza de voluntad llamado "intención de uso". Ese es el punto en el que te das el momento para manejar una situación potencialmente problemática que sabes que probablemente enfrentarás.

Por ejemplo, imagina que estás lidiando con comer mejor, pero te diriges a una reunión donde se servirán alimentos chatarra. Antes de ir, prométete a ti mismo/a que, en lugar de sumergirte en un plato de queso cheddar y galletas saladas, pedirás un vaso de agua y te concentrarás en tener un equilibrio.

Llegar con un arreglo previo contigo mismo/a te ayudará a tener la mentalidad y el autocontrol fundamentales para cualquier tipo de circunstancia. También te ahorrará vitalidad al no tener que cambiar tus convicciones o tu trabajo de tanto tiempo por una decisión abrupta que dependa de tu estado de ánimo.

Recompénsate a ti mismo/a
Date algo por lo que emocionarte organizando una

recompensa cuando alcances tus objetivos. Al igual que cuando eras un/a niño/a pequeño/a y recibías un premio por buena conducta, tener algo que esperar te da la motivación para tener éxito.

La expectativa es increíble, te da algo en lo que pensar y concentrarte, por lo que no solo estás considerando lo que estás tratando de cambiar. Además, cuando logres tu objetivo, busca otro objetivo y otra recompensa para seguir adelante.

Discúlpate y siga adelante

De hecho, incluso con la totalidad de nuestras mejores intenciones y planes bien trazados, puede pasar que aquí y allá no demos en el blanco. Tendrás buenos y malos momentos, triunfos extraordinarios y tristes decepciones. La clave es seguir adelante.

En caso de que te tambalees, reconoce qué lo causó y continúe. Trata de no dejarte envolver por la culpa, la indignación o la insatisfacción, ya que estos sentimientos solo te arrastrarán hacia abajo y entorpecerán tu progreso futuro. Benefíciate de tus deslices y perdónate a ti mismo/a. En ese momento, devuelve la cabeza al juego y vuelve a concentrarte en tus objetivos. Debes adherirte a tus objetivos.

3

Detener la procrastinación

Procrastinar es el acto de elegir el realizar tareas menos urgentes, en vez de realizar aquellas que son más urgentes e importantes; situación que se puede dar por diversas causas pero que seguramente reconoces. Una vez que identifiques que eres un/a procrastinador/a, es importante trabajar para detener la procrastinación.

Cuando puedas trabajar para eliminar este mal hábito, serás mucho más feliz y mucho más productivo/a en la vida. Podrás lograr mucho más porque podrás concentrarte en la tarea en cuestión en lugar de posponer las cosas con otras actividades de menor prioridad. Detener la procrastinación es importante, y hay varios pasos a seguir para trabajar para detenerla.

Hay ocho pasos te ayudarán mucho a detener eso. Antes de aprender los ocho pasos, debes comprender los cuatro tipos diferentes de procrastinadores, ya que esto afectará significativamente los primeros dos pasos. Una vez que hayas identificado los cuatro tipos de procrastinadores, podrás comenzar los ocho pasos.

En general, debes identificar los desencadenantes de la procrastinación; luego, debes trabajar para enfrentar y prevenir esos factores desencadenantes. Es importante que tomes descansos planificados y recuerdes recompensarte por hacerlo bien ante la procrastinación, también debes establecer consecuencias inmediatas por procrastinar. Es importante desarrollar una manera de hacer un seguimiento de tu tiempo, y también debes diseñar tus acciones futuras.

Finalmente, es muy útil buscar que tus tareas sean más realizables. Siguiendo estos ocho pasos, te ayudarás inmensamente; son excelentes pasos a seguir para que puedas superar y prevenir la procrastinación.

Tipos de procrastinadores

Cada persona posterga por una razón que es única para ella, cada persona tiene una mentalidad diferente cuando se trata de hacer el trabajo. Hay cuatro tipos principales de procrastinadores, y cada uno tendrá sus propias razones para procrastinar. Tendrán diferentes factores desencadenantes que los activarán, y cada uno tiene diferentes formas en que deben manejarse cuando están trabajando para eliminar su procrastinación.

Los cuatro tipos principales de procrastinadores son el temerario, el avestruz, el auto-saboteador y el perfeccionista. Cada uno es único en su forma de trabajar y en sus razones para el uso de la procrastinación.

El temerario es aquel que procrastinará tanto como sea posible. Son los que tienen más probabilidades de tomar riesgos y tienden a ser más impulsivos en sus decisiones, solo comenzarán a trabajar cuando sea absolutamente necesario. Estos procrastinadores prosperan bajo presión y son imanes para el estrés.

Es más probable que los auto-saboteadores se detengan en los aspectos negativos de la vida en lugar de los positivos. Les mueve el miedo a lo desconocido. Tienden a tener dificultades para olvidar los errores del pasado y tienen baja autoestima como resultado de su enfoque en lo negativo. Debido a esto, procrastinan y arruinan sus propias posibilidades de éxito.

Los avestruces son conocidos por tener la cabeza cerca de la tierra (los avestruces en realidad lo hacen para voltear sus huevos enterrados varias veces al día, entre otras razones). Aquellos que son procrastinadores de avestruz tienden a "enterrar la cabeza en la arena" e ignorar las tareas que deben realizar. Procrastinarán como resultado en un intento de evitar la tarea y olvidarse de ella.

El procrastinador perfeccionista se esfuerza por la perfección en todo lo que hace, procrastinarán por miedo a las críticas o al fracaso. En un intento por evitar cometer errores, los perfeccionistas aplazarán sus tareas el mayor tiempo posible.

Paso uno: identifica los desencadenantes

Cada uno de los procrastinadores tendrá sus propias razones para procrastinar y diferentes desencadenantes que los activarán y harán que procrastinen. Todos tienen diferentes motivaciones para procrastinar y formas en las que pueden comenzar a trabajar en sus tareas.

Los perfeccionistas son provocados por su ansia de perfección. Si se sienten amenazados por una tarea y saben que hay margen para el error, pueden ser reacios a comenzar esa tarea y, en cambio, la pospondrán en favor de otras tareas con las que se sientan más cómodos y confiados.

Los avestruces tienen miedo de tomar decisiones, temen fracasar o ser juzgados. En lugar de tomar una decisión, prefieren ignorar la tarea y esperar que simplemente desaparezca; sin embargo, simplemente terminan retrasando la tarea y teniendo que seguir adelante más adelante.

Los auto-saboteadores causan la procrastinación ellos mismos. Intencionalmente pondrán obstáculos en su camino para evitar que trabajen. Sabotean su propio éxito y culpan a todos menos a ellos mismos por la demora.

Los temerarios solo comenzarán a trabajar cuando se acerque la fecha límite. Si se les da un proyecto y una fecha límite, esperarán el mayor tiempo posible antes de comenzar dicho proyecto. Esto puede resultar en un trabajo apresurado o comprometer la calidad de su trabajo.

Paso dos: comienza a enfrentar los factores desencadenantes y prevenlos

Una vez que hayas identificado qué tipo de procrastinador/a eres y entiendas qué te hace posponer las cosas, podrás enfrentar mejor tus factores desencadenantes y evitar procrastinar en el futuro.

Los temerarios, por ejemplo, deben organizar su tiempo de manera más efectiva y planificar con anticipación para cumplir con los plazos. Pueden tener suerte con el cumplimiento de los plazos para partes del trabajo, pero al establecer plazos más estrictos para ellos mismos, pueden cumplir con su propio plazo y tener suficiente tiempo adicional para cualquier revisión o mejora necesaria en su trabajo.

Los saboteadores deben identificar y enumerar los obstáculos potenciales que pueden surgir en su camino. Al identificar estos y qué hacer cuando ocurren con anticipación, el procrastinador puede tener un plan a seguir cuando eso realmente ocurra.

Los avestruces deben esforzarse por animarse más a sí mismos para aumentar su confianza en sus capacidades.

Deben identificar sus propios éxitos y ajustar su mentalidad para evitar considerar todos sus posibles errores.

En lugar de pensar, deberían estar haciendo: comenzar lo más rápido posible les ayudará a evitar el estrés y la ansiedad adicionales.

Los perfeccionistas deben entender la importancia de cometer errores. Pueden identificar cómo los errores los han convertido en quienes son hoy. También es importante establecer metas razonables y tener expectativas realistas en sus tareas; de lo contrario, el perfeccionista se está preparando para la decepción.

Paso tres: toma descansos planificados

Tomar descansos planificados realmente puede ayudarte a dejar de procrastinar. Podrás usar tu tiempo de manera mucho más efectiva y será más fácil concentrarte. Al planificar tus descansos, puedes planificar exactamente cuánto tiempo te gustaría trabajar y cuánto tiempo te gustaría descansar. Realmente te ayudará a mantenerte en el camino y a mantener el ritmo correctamente.

También puedes planificar qué te gustaría hacer exactamente durante el descanso. En lugar de postergar antes de comenzar la tarea, puedes hacer esas actividades mientras estás en tu descanso. Tomar descansos planificados te ayudará a usar tu tiempo de manera más efectiva.

Quizás tengas una tarea que te llevará una hora y media completar. Puedes planear trabajar en eso durante cuarenta y cinco minutos, tomar un descanso durante quince minutos, trabajar en ello durante otros cuarenta y cinco minutos y tomar otro descanso antes de comenzar otra tarea durante quince minutos.

De esta manera, tendrás un tiempo establecido para trabajar y podrás comprometerte completamente a trabajar durante ese tiempo. Puedes trabajar todo el tiempo sabiendo exactamente cuándo tendrás un descanso. A lo largo de la sesión de trabajo, puedes verificar contigo mismo/a y asegurarte de que estás al día. Incluso puedes establecer objetivos más pequeños para ti mismo/a, como tener una cierta cantidad de trabajo completa para cada sesión.

También puedes planificar qué te gustaría hacer exactamente para disfrutar de tus descansos. La duración del trabajo y los descansos también dependen de ti, y se pueden ajustar según sea necesario. Sin embargo, es importante planificar los tiempos con anticipación y cumplirlos. Usar un temporizador puede ser muy útil con esto.

Paso cuatro: prémiate a ti mismo/a

Es importante recompensarte a ti mismo/a por hacer un buen trabajo. Esto depende totalmente de ti, cómo te gustaría recompensarte: puedes optar por recompensarte durante cada descanso que tomes haciendo algo que disfrutes. También puedes recompensarte por cada día que sigas tus sesiones de trabajo/descanso: esto te entrenará para dejar de posponer las cosas, ya que tu cerebro asociará el trabajo sin distracciones con la felicidad y esperarás las recompensas que te das a ti mismo/a.

. . .

Hay muchas formas de recompensarte. Es posible que tengas un pequeño obsequio durante cada descanso que tomes. Tal vez esto es un pequeño pedazo de caramelo o un agradable paseo durante tu descanso (lo que puede ser verdaderamente gratificante si estás sentado/a durante un período prolongado de tiempo).

Otra forma de recompensarte es por períodos de tiempo más largos: por cada día que logres todas tus metas, puedes tener una actividad designada con la que te deleites por trabajar tan bien. Esto podría ser un pasatiempo, como la lectura; o puede ser ir a un lugar especial o hablar con alguien que te importa.

Las recompensas deben ser constantes y deben motivarte a seguir trabajando. Es importante disfrutar de tu recompensa solo si la has ganado.

La recompensa no debe distraerte de hacer tu trabajo, y es importante no permitir que interrumpa tu trabajo o te anime a dejar de trabajar antes de tiempo.

Paso cinco: establece consecuencias inmediatas por procrastinar

De manera similar, debes establecer consecuencias inmediatas por procrastinar. Puede ser tentador ceder a tu recompensa, incluso si aún no es el momento o si no la ganaste adecuadamente; sin embargo, tu cerebro debe estar entrenado para dejar de procrastinar. Debes aprender que no es bueno procrastinar. Al igual que debe aprender a asociar trabajar bien con ser recompensado/a, también debes aprender a asociar postergar con cometer un desliz.

Es importante distinguir las consecuencias del castigo. No debes castigarte por postergar o insistir en sus errores, esto no te beneficiará y puede conducir a una mayor postergación, pues tu autoestima también disminuirá como resultado. No puedes tratarte mal o privarte de la felicidad solo porque postergaste.

Es importante reconocer que cometiste un error, aprender de ese error y seguir adelante.

Reflexionar puede ayudarte a darte cuenta de qué fue lo que te llevó a posponer las cosas y cómo puedes evitarlo en el futuro.

La consecuencia más fácil al posponer las cosas es quitarte la recompensa. De esta manera, te das cuenta de que no ganaste la recompensa y debes esforzarte más la próxima vez. Puedes permitirte parte de la recompensa si hiciste parte del trabajo, pero es importante asociar las recompensas con los éxitos.

. . .

También puedes configurar un tiempo adicional para trabajar en la tarea que pospusiste para recuperar el tiempo perdido. Esta es otra forma en que puedes reconocer la importancia de evitar la procrastinación; realmente te quita tiempo de trabajo.

Sexto paso: llevar la cuenta del tiempo

Es muy importante llevar la cuenta del tiempo. De lo contrario, puedes perder fácilmente el rastro y olvidar lo que estás haciendo. Hacer un seguimiento del tiempo te mantendrá enfocado/a y te permitirá recordar el propósito de la tarea que debes completar; también puede evitar que procrastines, ya que podrás controlar tu propio ritmo.

Una manera fácil de controlar el tiempo es usando un temporizador. Hay muchas formas de dividir las sesiones de trabajo y las sesiones de descanso; la forma más sencilla es elegir un tiempo establecido para los descansos y un tiempo establecido para trabajar y configurar un temporizador para ti.

Puede ser útil escribir la hora de inicio, la hora de finalización y el punto medio. De esta manera, puedes controlar tu ritmo y saber cuánto debe hacerse y cuándo. Siempre debes tener un reloj cerca para que puedas verificar periódicamente que estás al día.

. . .

Un error común a evitar es esperar un cierto tiempo. No es importante esperar a la siguiente hora para empezar para que el tiempo sea parejo; si es necesario, anota la hora de inicio, la hora de finalización y cada cuarto de punto.

No deberías necesitar controlar tu ritmo más allá de cada trimestre de tu sesión de trabajo. Si estás mirando el reloj, terminarás sin concentrarte en tu tarea y te distraerás bastante.

Hacer un seguimiento del tiempo puede resultar muy beneficioso para disminuir la procrastinación.

Paso siete: diseñar acciones futuras

Tener un plan para todo puede ser de gran ayuda cuando se trata de procrastinar. Debes planificar tu trabajo, tus descansos, tus recompensas, tus consecuencias y qué hacer si pospones las cosas o te falta motivación. Al planificar cualquier posible error y saber qué hacer cuando tengas éxito, tendrás mucha más suerte para ser productivo/a.

Es importante identificar con qué problemas potenciales puedes enfrentarte. Al identificar en qué áreas puedes necesitar mejorar, realmente puedes ayudarte a ti mismo/a. Tal vez pierdes la concentración cada vez que necesitas ir al baño, puede ser útil darte cinco minutos adicionales cada vez que te tomes un descanso para ir al baño.

Si hay una situación que te hace perder la concentración cada vez que sucede, encuentra una manera de eliminar esa distracción o piensa en una forma de lidiar con ella cada vez que ocurra. Puede ser útil diseñar una forma de volver a enfocarte cada vez que te pierdas.

Es posible que tengas una determinada cita que te brinde motivación cuando la necesites, todo el mundo gana motivación de diferentes maneras. También puedes diseñar tus acciones futuras cuando necesites motivación.

Cuando estás enfermo/a, triste, cansado/a, estresado/a o te sientas de otra manera negativa, es posible que tengas una motivación disminuida. Decide cómo manejarás estos sentimientos si surgen cuando debes trabajar. Al diseñar tus acciones futuras, estás previniendo la procrastinación incluso antes de que suceda.

Paso ocho: haz que las tareas sean más realizables

La forma más sencilla de hacer que tus tareas sean más realizables es dividiéndolas en objetivos más pequeños.

Tal vez tengas que escribir un discurso de 4 minutos y cada minuto del discurso tomará cuarenta y cinco minutos para escribir: si trabajas durante cuarenta y cinco minutos a la vez y tomas descansos de quince minutos, tu plan puede verse dividido en 4 horas.

De estas 4 horas, 45 minutos de cada una se dedican a escribir 1 minuto de discurso y restan 15 minutos libres en cada hora para ir al baño si es necesario, caminar, revisar el correo electrónico, hacer una llamada rápida, hacer un rompecabezas y demás. Realmente puede ayudarte el crear un plan y dividir tus objetivos.

4

Superar la procrastinación

Una vez que has identificado qué tipo de procrastinador eres y has descubierto los ocho pasos que puedes tomar para detener la procrastinación, puedes aprender algunas formas más prácticas para ayudarte con tu procrastinación. Estos son trucos simples para implementar en la rutina de cualquiera, para ayudarle a superar sus hábitos de procrastinación.

Estos consejos ayudarán al procrastinador en su búsqueda para superar la procrastinación. Hay muchos trucos simples para agregar que pueden crear una gran diferencia en la productividad de uno y ayudarle en gran medida a detener su procrastinación. Un procrastinador puede tratar de dividir su trabajo en partes más pequeñas, puede priorizar sus tareas utilizando el método Ivy Lee y la matriz de Eisenhower, puede determinar su ciclo de productividad.

Es importante que establezcas plazos para ti mismo/a. Timeboxing se puede utilizar para ayudar a lograr lo que necesitas. También, crear una lista de tareas adecuada te ayudará a mantenerte más organizado/a, al igual que el establecer sesiones de trabajo puede ayudar a superar la procrastinación.

Establecer una rutina es una excelente manera de acostumbrar a tu mente a no posponer las cosas. Debes comprometerte a no tener "días cero" para asegurarte de estar siempre al tanto de tu trabajo y obtener lo que necesitas hacer. La planificación para contingencias futuras puede evitar la procrastinación incluso antes de que ocurra, puede aumentar tus niveles de energía y, posteriormente, aumentar tu productividad al observar tu salud.

Eliminar las distracciones realmente puede ayudar a aumentar la productividad y evitar la procrastinación.

Eliminar los cuellos de botella te ayudará a tener la mentalidad adecuada, y es importante recordar que debes evitar la mentalidad perfeccionista. Visualizar tu yo futuro puede ayudarte a alejarte del presente y eliminar la necesidad de posponer las cosas.

Identificar a alguien que pueda responsabilizarte realmente puede ayudarte a mantenerte en el buen camino, así como el buscar la influencia favorable de tus compañeros en general. Todas estas son excelentes formas en las que puedes ayudarte a eliminar y reducir en gran medida la cantidad de procrastinación en tu vida. Podrás lograr mucho más mediante el uso de estas técnicas.

Divide el trabajo

Cuando divides tu trabajo en partes más pequeñas, lo haces mucho más fácil de manejar y parece mucho menos abrumador. Para dividir tu trabajo correctamente, primero debes considerar cuánto trabajo tienes que realizar y cuáles son los pasos para completarlo.

Tal vez tengas veinte diapositivas de una presentación para crear. Esto requerirá que planifiques y crees un esquema, busques las diapositivas, crees las diapositivas reales y las edites según sea necesario. Después de calcular cuánto trabajo tienes que hacer, debes crear o seguir la fecha límite que tienes. Es posible que tengas una semana para completar esta tarea.

Ahora, debes saber cómo dividir tu tiempo y decidir cómo dividir la tarea de manera adecuada.

Para este ejemplo, puedes dividir la tarea entre los siete días: el primer día puede consistir en crear un plan o esquema para la tarea, se pueden realizar investigaciones; los días dos a seis pueden consistir en la creación de cuatro diapositivas por día, el día siete puedes estar haciendo las ediciones o revisiones necesarias a la presentación. Aunque la tarea puede haber parecido abrumadora al principio, dividirla realmente ayuda a que parezca realista.

Prioriza tareas

Priorizar tus tareas es crucial para determinar lo que necesitas hacer, te ayudará a comprender qué es lo más importante para que puedas concentrarte en eso primero. Se puede utilizar el método de Ivy Lee: bajo este método, al individuo se le ocurren las seis tareas más importantes que debe completar al día siguiente (esto se hace la noche anterior al día siguiente).

El individuo hará una lista de los seis elementos y los organizará en orden de prioridad. Al día siguiente, el individuo trabajará en las tareas en su orden y las realizará una a la vez: esto ayudará a la persona a concentrarse en lo que es importante y a tener un plan establecido para ellos.

También se puede utilizar la matriz de Eisenhower. El individuo identificará todas las tareas que tiene para sí mismo. Las ordenará agrupándolas en las siguientes categorías: importante/urgente (A), importante/menos urgente (B), menos importante/urgente (C) y menos importante/menos urgente (D).

. . .

Así, se crea una matriz, bajo la que el individuo puede decidir cómo completar sus tareas. Las tareas en A son las tareas que deben completarse primero. Las tareas B no necesitan realizarse de inmediato, por lo que deben programarse para otro día. Las tareas en C deben delegarse a otros. Las tareas D no se deben hacer en absoluto para evitar perder el tiempo.

Determina el ciclo de productividad

Tu ciclo de productividad consta de las tareas continuas que completas. Hay muchas acciones que repetirás numerosas veces a lo largo de tu vida, si puedes determinar cuáles son esas tareas y cuál es la frecuencia de finalización de esas tareas, puedes programarlas y ni siquiera pensar dos veces en esas tareas.

Si puedes incorporarlas a tu rutina, te sentirás mucho menos estresado/a.

Comienza por escribir todas las tareas que debes completar con regularidad, esto puede ser diario, semanal, mensual, anual, etc. Es importante saber con qué frecuencia se deben completar.

Luego, puedes programar cuándo realizarás esas tareas. Tal vez tengas una tarea que debes completar cada semana; puede que se te ocurra el jueves por ser el día en que generalmente la completas. Puedes configurar un recordatorio para ti mismo/a, pero es probable que lo tengas arraigado en tu cerebro con el tiempo: asociarás esa tarea con los jueves. Esto puede facilitar las cosas.

Establece plazos

Es fundamental que establezcas plazos para ti mismo/a. Estos plazos deben ser concretos: en lugar de "terminarlo lo antes posible", tienes un día u hora establecidos para completar la tarea. De esta manera, puedes realizar un seguimiento y controlar tu propio ritmo. También debes establecer plazos realistas para ti mismo/a, de lo contrario, te sentirás abrumado/a y decepcionado/a.

Es importante no sobrecargarte. Tus plazos también deben ser significativos; si no te apasiona, no tendrás la motivación para completarlo.

Recuérdate la importancia de la tarea y haz el esfuerzo de cumplir con la fecha límite.

Usa la estrategia *Timeboxing*

Timeboxing es una excelente manera de administrar tu tiempo; se trata de bloquear tu tiempo en un formato detallado. Por lo general, uno separará su tiempo en los días de la semana y decidirá qué quiere hacer cada media hora.

Cuando uno usa timeboxing, puede anotar todo lo que desea lograr para el día y puede realizar un seguimiento fácilmente. También sabrás exactamente qué hacer y cuándo, incluso puedes planificar dentro de ese bloque de tiempo cómo deseas dividir tu trabajo. Timeboxing también puede ayudar a desarrollar una rutina adecuada, pues es probable que tu rutina se vuelva natural con el tiempo y de acuerdo a tus avances, parezca insensata.

Ten una lista de tareas pendientes

Siempre es importante tener una lista de tareas pendientes, de esta manera, podrás anotar todo lo que necesitas hacer.

Esta es una buena referencia para cuando completas las tareas temprano o deseas una descripción general de todo el día.

Marcar o tachar elementos de la lista es satisfactorio y puede crear una sensación de logro para quien aplique esta técnica. Las listas de tareas ayudan a organizarte y tener una representación visual de tus tareas para todo el día.

Establecer rachas

. . .

Tener una racha es esencialmente tratar de tener tantos días seguidos para lograr algo como sea posible. Puedes marcar en tu calendario cada vez que completes la actividad o realices la tarea. Cada día que mantengas la racha puede ayudarte a motivarte.

Tal vez quieras leer cincuenta páginas de un libro al día. Por cada día que lees cincuenta páginas, haces una marca en un calendario; si tienes un día en el que te falta motivación para completar la tarea, tu racha puede ayudarte a aumentar tu motivación. Después de todo, no querrás romper tu racha, querrás mantenerla el mayor tiempo posible y como resultado, es probable que logres ese objetivo del día.

Ludifica tus hábitos

Cuando ludificas tus hábitos, los conviertes en un juego. En lugar de ver tus tareas como un trabajo o una obligación, serán más emocionantes para ti, pues puedes desafiarte a ti mismo/a para realizar ciertas tareas.

Puedes tratar de ver qué tan rápido puedes hacer las tareas, o puedes recompensarte por lograr tus objetivos. Hacer que tus objetivos sean desafíos divertidos puede ayudarte a estar más entusiasmado/a con esos objetivos.

. . .

Establece una rutina

Establecer una rutina es crucial para tu éxito. Cuando estableces una rutina, estás formando buenos hábitos y manteniéndolos, esto puede entrenarte para hacerlo bien y acostumbrarte a no posponer las cosas.

Asume las tareas que se repiten periódicamente y ten un tiempo establecido para ellas. Crear una rutina matutina realmente puede ayudarte, ya que establecerá tu estado de ánimo para todo el día y marcará una gran diferencia en tu motivación y productividad.

También es importante tener una rutina nocturna para que puedas relajarte y prepararte para el próximo día de productividad.

Comprométete a no tener "días cero"

Un "día cero" es un día en el que no has realizado nada para llegar a tus objetivos. No es simplemente un día en el que te has acostado en la cama todo el día y no has hecho nada en absoluto, es muy posible que hayas ido a lugares, realizado actividades y te hayas mantenido ocupado/a.

. . .

Sin embargo, nada de lo que lograste estuvo en función de alcanzar tus objetivos.

En pocas palabras, pasaste todo el día procrastinando. Es importante no tener más "días cero", en su lugar, trata de hacer algo pequeño cada día para trabajar hacia tus metas. Un poco de progreso es mejor que nada en absoluto. Si haces al menos un poco cada día, estarás mejor que si no hubieras logrado nada.

Planea para contingencias futuras

La vida sucede. Siempre habrá eventos o situaciones que se interpondrán o retrasarán tus acciones.

Sin embargo, estos son bastante predecibles, pues ciertos eventos seguramente ocurrirán. Si puedes planificar con anticipación lo que puede impedirte alcanzar tus objetivos y encontrar una manera de evitarlo, estarás mucho mejor preparado/a cuando realmente ocurra. Planea lo que harás cada vez que una distracción encuentre su camino hacia ti y cómo recuperarás tu enfoque después de que ocurra. Esto te ayudará a mantenerte en el camino hacia tus objetivos.

Aumenta los niveles de energía

· · ·

Cuando tienes poca energía, es probable que pierdas la motivación, pues después de todo, no te sentirás con ganas de hacer nada. Es importante que mantengas tus niveles de energía para que puedas lograr lo que necesitas.

Puedes hacerlo cuidando tu salud de varias maneras. Una forma de aumentar tus niveles de energía es dormir lo suficiente cada noche, la cantidad adecuada de sueño dependerá del individuo y su edad.

Es aconsejable apegarse a un horario de sueño regular para que tu cuerpo se acostumbre a dormir y despertarse a la misma hora todos los días.

También debes poner los alimentos y bebidas adecuados en tu cuerpo. Beber suficiente agua y comer alimentos nutritivos son cruciales para alimentar tu cuerpo adecuadamente, esto te permitirá mantener tu energía por más tiempo, ya que tu cuerpo estará correctamente alimentado e hidratado.

También debes hacer ejercicio regularmente, esto ayudará a que tu sangre fluya correctamente y le permitirá a tu cuerpo usar la energía que recibe de los alimentos que come. También te ayudará a dormir mejor cada noche.

Elimina las distracciones

. . .

Es importante eliminar las distracciones, ya que pueden hacer que procrastines en primer lugar. Si identificas lo que te distrae y lo eliminas, realmente puedes ayudarte a mantenerte enfocado/a. Asegúrate de que tu lugar de trabajo no te distraiga de ninguna manera e identifica las fuentes externas de distracciones.

Si puedes evitar la procrastinación incluso antes de que ocurra, serás mucho más productivo/a. Identifica cualquier cosa en tu lugar de trabajo que pueda servir como una distracción y encuentra una manera de ocultarla o quitarla para que puedas trabajar en paz. Esto te ayudará a mantenerte enfocado/a.

Elimina los cuellos de botella
Un cuello de botella ocurre cuando uno recibe más trabajo del que puede manejar y tiene más tareas de las que aparentemente tiene el tiempo para realizar. Los cuellos de botella deben eliminarse maximizando la productividad. Una forma es simplemente hacerlo y corregir la mentalidad. La tarea se puede modificar para que sea más rápida de completar, o se puede delegar y el individuo puede buscar la ayuda de otros para completar la tarea.

Si se determina que la tarea no es importante, puede eliminarse por completo. Es importante garantizar la máxima productividad. Uno debe poder manejar todo lo que necesita para lograr sus objetivos y asegurarse de que las tareas sean importantes.

Evita la mentalidad perfeccionista

La mentalidad perfeccionista puede afectar la capacidad para trabajar. Es importante reconocer que, aunque siempre es crucial luchar por la excelencia, uno no puede luchar por la perfección; siempre habrá mejoras por hacer, uno siempre cometerá errores.

Las personas no deben insistir en el hecho de que existe la posibilidad de cometer errores. Los errores construyen a una persona, se puede aprender mucho de cometer errores. Aún debes hacer tu mejor esfuerzo, incluso si hay espacio para el fracaso; es crucial reconocer que no puedes prestar atención a los demás. Debes seguir tus propios sueños.

Visualízate a ti mismo/a en el futuro

Visualizar tu yo en el futuro realmente puede ayudarte con la procrastinación. Es realmente tentador vivir el presente y disfrutar del momento actual. Sin embargo, debes pensar en el panorama general. Verifica contigo mismo/a regularmente y considera si tu yo futuro estaría orgulloso/a de tus acciones actuales o no.

¿Estás trabajando para alcanzar tus metas? Si no es así, entonces se debe hacer el cambio.

Aunque es importante tomarse un tiempo para disfrutar, también debes estar progresando para mejorar tu vida en el futuro. Considera cómo quieres que sea tu vida en el futuro y trabaja para que eso suceda.

Identifica a alguien que te haga responsable

Es importante tener un compañero que te ayude con tus metas. Si trabajas para alcanzar tus objetivos con otro, podrán responsabilizarse mutuamente. Es más fácil cuando tienes a alguien que te anima y a quien acudir cuando tienes poca motivación.

Identifica a alguien en quien confíes que pueda estar ahí para cuando lo necesites. También es importante que aceptes críticas constructivas y que recibas comentarios honestos de ellas para mantenerte bajo un buen camino.

Esto te ayudará mucho con tus objetivos.

Busca la influencia favorable de tus amigos

Tú te conviertes en la gente con la que más te rodeas.

Solo tiene sentido que te rodees de influencias positivas, así que asegúrate de que las personas en tu vida sean todas personas a las que admires. Si te rodeas de las personas a las que te gustaría parecerte más, te ayudarás a tener influencias positivas.

Estas personas deberían animarte a ser la mejor persona que puedas. Asegúrate de estar realmente feliz con estas personas y de que te motiven a mejorar constantemente y trabajar para lograr tus objetivos todos los días.

5

Cómo cambiar

Siempre es importante cambiarse a uno mismo y hacer mejoras en tu rutina. Si bien es posible que tengas muchos consejos y trucos para probar, aún puedes tener dificultades con las formas reales en que puedes cambiar y mejorar. La procrastinación es un hábito, y es fácil acostumbrarse a procrastinar; una vez que te entrenes para seguir un hábito, te parecerá natural.

Debido a esto, debes entrenarte para salir del hábito de procrastinar para que puedas ser más productivo/a, disciplinado/a y mantenerte enfocado/a en lo que estás haciendo. Esto te permitirá lograr tus objetivos y mantenerte al día con las actividades de tu vida que son tu máxima prioridad.

Para crear un cambio en tu vida, debes seguir algunos pasos para ayudar a entrenarte para adaptarte a un nuevo hábito que establecerás para ti mismo/a. Es probable que primero pases por la etapa de pre contemplación: aquí es donde no estás tomando medidas y aún no has reconocido la importancia del cambio.

A continuación, debes contemplar, esto te permitirá reflexionar y tener la mentalidad adecuada para lograr tus objetivos. La preparación asegurará que tengas todo lo que necesitas para cambiarte a ti mismo/a, mientras que la acción es el cambio real que haces y el proceso del mismo. El mantenimiento es asegurarte de mantenerte al día con lo que se debe revisar y de continuar en cuanto a buenos hábitos.

La terminación es la eliminación final del mal hábito y puedes eliminar potencialmente cualquier otra cosa que sea innecesaria dentro de tu rutina. Tanto la experimentación como la reevaluación son necesarias para probar nuevas formas de mejorar la rutina y, al mismo tiempo, reflexionar sobre si funcionan para el individuo o no.

También es importante comenzar el día con energía para que puedas estar preparado/a para el éxito todos los días.

Pre-contemplación

. . .

La etapa de pre-contemplación es muy común para los procrastinadores. Esta es una etapa en la que uno puede tener una idea de lo que debe hacerse, pero sin tener la intención de seguir adelante. Es posible que no se den cuenta de lo que debe cambiarse y que no reconozcan la importancia de hacer tal cambio.

Es posible que uno no se dé cuenta de que sus acciones son en realidad una distracción del trabajo hacia sus objetivos. Es posible que no se dé cuenta de que está postergando y retrasando su trabajo para lograr esos objetivos; es posible que no tenga una idea sólida de cuáles son esos objetivos.

Por esta razón, el individuo en esta etapa debe pasar a la siguiente etapa y comenzar a considerar cuáles son sus metas. Para llegar a esa etapa, se debe tomar conciencia de las metas en general. Tal vez uno solo está viviendo su vida y siguiendo la corriente, puede encontrarse viviendo su vida para los demás en lugar de trabajar para alcanzar sus propios objetivos.

Es muy común que las personas se conformen con lo que hacen en lugar de esforzarse por mejorarlo.

El individuo debe reconocer la importancia de hacer cambios para mejorarse a sí mismo, de lo contrario, seguirá el mismo ciclo y se quedará estancado en el mismo nivel durante toda su vida.

. . .

Uno puede no darse cuenta de que tiene el potencial de crecimiento, o puede decidir que se siente cómodo con el lugar donde está y no ve ninguna razón para el cambio.

El individuo también puede sentirse incómodo con la idea del cambio. Tal vez se hayan adaptado a una rutina que funciona lo suficientemente bien para él; es posible que este individuo no quiera arriesgarse a ningún cambio porque teme al fracaso.

Estos procrastinadores no reconocen las oportunidades que podrían estar disponibles para ellos si se abrieran al cambio. Aquellos en la etapa de pre contemplación no tienen la intención de cambiar nada en el corto plazo (generalmente en los próximos seis meses), no reconocen que su comportamiento perjudica su productividad y les impide alcanzar la grandeza.

Temen el fracaso.

Debido a esto, se concentran en los aspectos negativos de cambiar su comportamiento y no tienen la intención de hacerlo porque creen que resultará en un error. No consideran todo el potencial de éxito y los resultados positivos que el cambio les puede traer.

. . .

Contemplación

La siguiente etapa es la contemplación. En esta etapa, el individuo ha pasado de la pre contemplación y comienza a reconocer que necesita mejorar su comportamiento y cambiar para mejorarse a sí mismo. El individuo puede ver que su comportamiento puede ser problemático.

Es en este punto que uno reconocerá que tiende a procrastinar, también reconocerá la importancia de detener esa procrastinación para que pueda lograr más a lo largo del día y trabajar para lograr sus metas. En esta etapa, comenzará a trabajar para tomar acción y tendrá la intención de trabajar para hacer que esa acción sea parte de su vida.

El individuo comenzará a pensar en qué es lo que quiere mejorar de sí mismo y decidirá qué debe cambiarse.

Reconocerá que se necesita hacer un cambio para que esté mejor. Como resultado, comenzará a considerar los aspectos de su vida que se pueden mejorar.

Uno puede comenzar a reflexionar más sobre su rutina diaria y decidir qué aspectos se pueden mejorar para maximizar la productividad y trabajar mejor hacia sus objetivos. Para aprovechar los beneficios de esta etapa, es útil que el individuo reflexione verdaderamente sobre sí mismo: debe decidir qué comportamientos posee que pueden ser problemáticos e interferir con su productividad.

Puede ser útil considerar cuidadosamente los pros y los contras de cambiar todos sus comportamientos. El individuo también puede considerar todos los posibles cambios de comportamiento que puede sufrir, también se debe recordar la importancia de hacer cambios. Aquellos en esta etapa aún pueden dudar o no estar listos para hacer cambios por sí mismos.

Preparación

En esta etapa, el individuo está cerca de tomar acción.

Ha reconocido que es hora de un cambio y está listo para comenzar a hacer ese cambio en un futuro cercano.

Por lo general, estarán en esta etapa dentro de los treinta días antes de realizar el cambio por sí mismos.

Esta etapa es la transición entre decidir que sí se necesita hacer un cambio y salir y hacer ese cambio. El individuo puede tomar decisiones y preparativos finales antes de pasar al proceso real de cambiar su rutina y mejorar su vida.

En la etapa anterior, el individuo puede haber considerado si necesitaba o no un cambio para él, también puede haber considerado los aspectos positivos y negativos de hacer un cambio por sí mismo. Una vez alcanzada esta etapa, el individuo se compromete con la idea de hacer un cambio en su vida.

Sin embargo, es posible que aún necesite finalizar de identificar qué cambio necesita. Puede haber varias áreas en las que el individuo quiera mejorar; esta etapa finalizará qué cambios le gustaría hacer a la persona y cómo desea hacer el cambio.

Toda la organización y preparación para hacer el cambio ocurre en esta etapa. Para ayudar en este proceso, es más fácil anotar los cambios que se desean realizar. Lo ideal es enumerar de uno a tres cambios, ya que tener más de tres objetivos a la vez puede ser abrumador. Al ceñirse de uno a tres objetivos, la persona puede centrar su atención en lo que es más importante, debe idear un plan establecido para cambiar su comportamiento.

Acción

Una vez que la persona se ha preparado mental y físicamente para el cambio, está lista para actuar. Los individuos pueden empezar muy motivados y con mucha ilusión por tener un cambio en su vida, esto puede ser completamente nuevo para ellos, y requerirá un poco de adaptación.

En esta etapa, la persona ha hecho recientemente ese cambio y todavía está fresco. Es posible que aún no lo tenga como una parte natural de su rutina, lo que significa que podría necesitar un recordatorio para que realice la acción. Puede o no ver resultados todavía o sentirse cómodo o incómodo con el cambio. En este punto, la persona todavía se está acostumbrando a la idea o al cambio, y es posible que aún no haya impactado fuertemente en su vida.

La persona en el proceso de acción tendrá una gran motivación, ya que verá el beneficio del cambio y deseará hacerlo parte de su vida. También querrá continuar con ese cambio. Esto también puede tener un efecto dominó, ya que la persona puede estar más motivada en otras áreas de su vida.

Pueden comenzar a reconocer otras áreas que pueden necesitar trabajo y pensarán en formas de mejorar en otros aspectos, comenzarán a preocuparse más por sí mismos y adquirirán mejores hábitos. Aquellos en esta etapa necesitan establecer recordatorios para ellos mismos para trabajar hacia sus metas; es posible que necesiten tener una visión clara de por qué desean integrar este nuevo hábito en su vida y los beneficios de esto para su futuro.

Mantenimiento

Una vez que el individuo ha hecho del nuevo hábito o comportamiento parte de su vida, debe entrar en la fase de mantenimiento, esto es crucial para el crecimiento posterior del individuo, es necesario mantener el comportamiento.

Quizás el individuo comenzó con una gran motivación y tuvo algunos deslices. El mantenimiento es necesario para comprobar con uno mismo y asegurarse de que todo va bien, pues el individuo puede considerar si hay más mejoras en su comportamiento con respecto al área en la que está trabajando.

Deben decidir si lo que están haciendo les funciona bien o no. El individuo puede preguntarse si está dando los pasos necesarios para lograr su objetivo. Tal vez necesite recordarse a sí mismo que debe esforzarse más y trabajar más duro.

El individuo en esta etapa todavía tiene la intención de mantener su comportamiento durante un período prolongado de tiempo. Sin embargo, es posible que deba realizar algunos cambios adicionales para garantizar que mantengan el comportamiento adecuado durante un período de tiempo prolongado. Deben asegurarse de no caer en una etapa anterior y perder la motivación.

Es importante recordarse a sí mismo el propósito de hacer el cambio mientras se encuentra en esta fase. A menudo, las personas perderán la motivación y se encontrarán de nuevo en una fase anterior; sin embargo, si uno practica el mantenimiento correctamente, la persona puede evitar que eso ocurra.

Terminación

Es en este punto cuando la persona realmente se ha deshecho de su antiguo y malsano comportamiento. Ha visto los beneficios que le ha traído el cambio y no tiene ganas de volver a las andadas. En este punto, la persona estará motivada para continuar con sus nuevos hábitos por un período prolongado de tiempo y se ha vuelto natural para ellos practicar estos nuevos hábitos.

Aquellos en esta etapa no recaerán y no desean revertir ese cambio. Verán los resultados en esta etapa, y pueden sentirse realmente inspirados y motivados para mejorar en otras áreas de su vida. Esto puede sentirse empoderador. Para los procrastinadores, la procrastinación ya no será un problema que les impida desarrollar todo su potencial. El individuo será más productivo y podrá concentrarse en su trabajo.

. . .

Aquellos en esta etapa pueden comenzar a considerar otra área (o áreas) para mejorar. Pueden pasar a la siguiente etapa y comenzar a hacer más cambios. Mientras tanto, puede ser útil reflexionar sobre su experiencia y descubrir qué funcionó para ellos y qué no, pues realmente puede ayudarlos a ver cómo pueden ganar motivación en el futuro.

También puede ayudar mucho reconocer los logros de uno y sentirse bien con los cambios positivos que uno pudo hacer para mejorar.

Experimento y reevaluación

Una vez que el individuo se haya acostumbrado a su nuevo hábito y haya eliminado el antiguo, puede seguir reflexionando, considerando de qué otras maneras puede mejorar y mejorar ese comportamiento. Puede considerar experimentar con otras formas de implementar ese hábito o cambiar su rutina para satisfacer mejor sus necesidades y lograr sus objetivos.

Con cada cambio que se haga, se debe tomar un tiempo para acostumbrarse y evaluar cómo funciona para la persona. El individuo debe volver a evaluar después de cada "experimento" que realice, esta es una excelente manera de ver cuánto puede realmente maximizar su productividad.

. . .

Aunque la nueva forma puede funcionar mejor para él, puede haber otra forma que funcione incluso mejor que esa, no lo sabrá hasta que lo intente.

Esto también puede hacer posible que trabaje en otros aspectos de su persona: puede tratar de trabajar en varios comportamientos a la vez y ver cómo puede mejorarlos al mismo tiempo. Siempre es importante trabajar en uno mismo.

Comenzar el día con energía

Si decides seguir los pasos anteriores, es importante comenzar el día de la manera correcta. Al hacerlo, te estás preparando para el éxito: si duermes hasta tarde, te saltas el desayuno y comienzas la mañana procrastinando, es probable que tengas eso contigo durante todo el día. Sin embargo, empezar motivado/a te ayudará a mantener esa motivación a lo largo del día y será más probable que tengas la mentalidad adecuada.

Vocalizar es una forma de ayudarte a comenzar el día correctamente. Debes decirte a ti mismo/a que lo harás; puedes lograr lo que te propongas. Al reconocer que eres capaz, lo lograrás. En lugar de insistir en todos los aspectos negativos y considerar todos los posibles errores que puedes cometer, debes concentrarte en lo que puedes hacer. De esta manera, tendrás más confianza en ti mismo/a y sentirás que puedes lograr cualquier cosa.

Esta mentalidad es crucial para tu éxito.

También puedes idear una rutina matutina adecuada.

Hay varias maneras en que puedes aumentar tu productividad por la mañana, debes determinar qué es lo que te motiva más y cómo puedes comenzar la mañana de la mejor manera posible. Averigua lo que funciona para ti y apégate a ello.

Haz esos hábitos diariamente, practica los mismos hábitos todos los días. De esa manera, tu cuerpo se acostumbrará a esos hábitos, te avisará que es hora de despertarte y comenzar con tu día. También puede ser útil que tengas algunos comportamientos que practiques al comienzo de cada mañana.

Puedes eliminar algunas tareas dentro de la primera hora de despertar. Ver cuánto puedes lograr en poco tiempo puede ayudarte a reconocer todo lo que eres capaz de hacer y como resultado, sentirás la motivación para hacer más. Obtendrás algunas tareas a lo largo del camino y tendrás más tiempo del día para lograr aún más.

6

Vivir con intención

En un mundo febril, ocupado y apresurado, la franqueza no lo es. En una cultura que potencia el egoísmo y la sobreabundancia, la vida moderada no lo hace.

Además, en un público general que se apresura a adquirir, la satisfacción con menos es ir contra corriente.

El establecimiento de objetivos es esencial ya que te alienta a elegir y concentrarte en lo que es extremadamente imperativo para ti. Una configuración de objetivos viable también te permite medir el progreso, superar la holgazanería e imaginar tus fantasías como una realidad. Si no tienes una idea de lo que necesitas lograr, no puedes hacer un arreglo para llegar.

. . .

El establecimiento de objetivos es el vehículo que te conducirá a tu meta ideal, pues hacerlo también te mantiene responsable. Independientemente de si estás averiguando cómo establecer metas en el trabajo o en tu propia vida, iluminar a otros sobre tus metas te obliga a construir los ejemplos que las lograrán. En este capítulo, veremos cómo establecer intenciones para garantizar que los cumplas.

Te darás cuenta de lo que hace un objetivo convincente, así como los medios que tienes que tomar para supervisarlos. El establecimiento de objetivos convincentes es la clave esencial para el progreso. Independientemente de si estás ampliando tu conocimiento, comenzando otro pasatiempo o reviviendo una relación, definir metas nos permite hacer nuestro futuro, nos anima a desarrollarnos y ampliarnos, impulsándonos a cambiar de maneras que nunca imaginamos.

Para sentirnos realmente satisfechos, tenemos que saber y sentir que estamos intentando lograr algo. ¿Qué es un objetivo fijado para ti? Cuando estableces metas, ¿dirías que te has acostumbrado a verlas desaparecer en el espejo retrovisor? Estamos dispuestos a apostar que sí si estás leyendo esta página.

Has definido uno o dos objetivos en tu vida. Sea como fuere, ¿los supervisaste? ¿Tus objetivos cambiaron tu vida de la manera que necesitabas y te ayudaron a comenzar algo excepcional? Por lo general, las personas piensan que saben cómo establecer metas, pero nunca logran completamente lo que buscaban. Una explicación básica es que sus objetivos no son convincentes ni estimulantes.

Tienes una considerablemente mayor propensión a dedicar tiempo y vitalidad a algo que te da energía, por lo que tus objetivos deben reflejar ese mismo grado de fuerza. Piensa en un objetivo como una fantasía con un límite de tiempo. En la actualidad, simplemente debemos hacer un esquema para lograrlo.

¿El mayor contraste entre las personas que viven vidas plenas, ricas y significativas y las personas que no? El oficio de vivir con intención. Es cualquier cosa menos difícil dejar que la vida transcurra, reconocer nuestro día a día a medida que se desarrolla y nunca cuestionar lo que trae. Es tan sencillo, de hecho, que no entendemos que lo estamos haciendo, pasamos por alto que tenemos una tremenda fuerza individual.

Podemos impulsarnos, dirigirnos y transformarnos, todo lo que se requiere es un movimiento de mentalidad y responsabilidad hacia la actividad.

La noticia alentadora es que no necesitas desperdiciar ni un solo minuto viviendo sin intención. Pregúntate, ¿en qué se parece el logro a mí? Ni a tus padres, ni a tus amigos, ni a tu jefe. Para ti.

. . .

¿Eres rico/a en cuanto al tiempo de calidad pasado con tus hijos? ¿Te la pasas navegando dos meses al año? ¿Estás impulsando un esfuerzo innovador? ¿Es ser un/a experto/a en cualquier campo de estudio lo que generalmente te entusiasma? Tener claro lo que vales y encontrar la manera de aferrarte a ello es una manera de llegar a tu nivel de desarrollo más significativo, prestando poca atención a tu edad. La libertad, la seguridad y la alegría son las recompensas.

¿Es cierto que estás viviendo, o la vida te está viviendo a ti? ¿Las situaciones externas o las personas te llevan a un estado negativo del que es difícil escapar? O bien, ¿eres tú quien decide tu experiencia de vida? Lo que ocurre en la vida no se puede controlar; numerosas cosas en la vida se te imponen, independientemente de tus logros. No obstante, del mismo modo, como un surfista habilidoso no controla la ola, pero domina el oficio de montarla, también puedes decidir cómo manejas las dificultades.

¿Cómo coordinar tu propio curso y viajar en los flujos de la vida de maneras que sean significativas para ti?

Para comenzar a vivir con intención, debemos comenzar por establecer un marco adecuado y luego incluir avances razonables y funcionales encima de él.

Utiliza el tuyo por y a través de la libertad. Es cualquier cosa menos difícil ser transmitido a través de respuestas programadas en lugar de decidir tus propias reacciones a las dificultades de la vida, no lo hagas.

Sea como fuere, pase lo que pase, tienes una elección ilimitada de cómo reaccionar ante las circunstancias. En el caso de que respondas sin tomar el control, las ocasiones y los demás tienen control sobre tus sentimientos, contemplaciones e incluso actividades. Sea como sea, si eliges tus reacciones, las recompensas son increíbles: libertad interior y autodominio.

Date cuenta de que tu vida está compuesta de decisiones.

Cada mañana es otro día cargado de elecciones y aperturas en las que puedes encontrar un estado de ánimo de ritmo viable y tener opciones. No necesitas dejar que las condiciones de tu pasado decidan negativamente un ejemplo alucinante más adelante; tienes una decisión sobre el tema.

No deberías estar atrapado/a en un ejemplo de vida similar al que has estado durante un período de tiempo considerable... entiende que cada mañana es otra oportunidad. Evalúa la forma de vida en la que estás nadando. La vida no se vive en el vacío, se vive englobada en una cultura que se traslada a algún lugar. Esta cultura que nos rodea enmarca una rápida corriente descendente.

• • •

Vivir con intención requerirá que des un paso atrás y evalúes la progresión de la corriente para descubrir a dónde va, cómo te está afectando y si te está llevando hacia el camino que deseas. Examínate a ti mismo/a.

Conoce cuál es tu identidad. Obtén un control sólido de tus intereses, dones, capacidades y debilidades. Dale tiempo valioso y vitalidad a esta tarea, es una de las cosas cruciales que puedes hacer.

Para que tu día óptimo sea una realidad, es esencial actualizar pequeños hábitos cotidianos que reflejen tus cualidades. Podrías agregar pequeñas actividades que te hagan feliz a tu horario diario. Independientemente de si se trata de pasar los primeros 10 minutos del día reflexionando, o de no dedicar casi nada de tiempo en la primera parte del día a registrar tus metas para la tarde, o de intentar practicar más, la actividad constante es la forma de lograr un progreso.

Decide seguir con tu vida, deja de contrastarte con los demás. No estaba en tu destino el continuar en la vida o los logros de alguien, no tiene sentido desperdiciar la tuya teniendo envidia de la de ellos. Más bien, tu destino es continuar con tu vida; decide hoy aceptar eso. A fin de cuentas, solo tienes una oportunidad.

Define una razón, reconoce lo que necesita tu vida para transmitir y aportar; descubre la energía para vivir que es más grande que tú mismo/a. Grábalo. Tendrá un nuevo significado para tu vida. Te despertará del paso moderado de vivir para ti mismo/a.

Mantente enfocado/a, vivimos en un universo de constante disponibilidad e interrupción que pide nuestra consideración en casi todas las instantáneas del día.

Descubre cómo matar la interrupción y continuar con tu vida. Expulsa las cosas físicas superfluas que te están negando el tiempo y la vitalidad que podrían ser mejor vividas viviendo con intención.

Aprende de los demás, los individuos fructíferos son individuos interesados. Tienen la tranquilidad de ganar de los demás. Reconoce a las personas que logran su motivación y metas, luego, estúdialos y obtén beneficios de ellos.

Fija metas, pues las metas nos mueven y nos dan forma. Establece metas que estén directamente de acuerdo con tu razón caracterizada: por su propia naturaleza, traerán intencionalidad a tu vida. Lo más notablemente horrible que podrías desperdiciar es tu vida. Más bien, suscríbete a vivir intencionalmente y vivir con razón.

Ten disposición

· · ·

Implica estar de todo corazón ocupado/a en lo que estás haciendo y lo que está sucediendo, directamente aquí, en este momento, física, intelectual e interiormente. Esto puede parecer evidente, pero especialmente cuando se hacen mandados rutinarios o comunes como conducir o limpiar, es fácil divagar y optar por no seguir adelante o en el futuro, en situaciones extravagantes o balbuceos mentales vagos y programados.

En el momento en que eso ocurre, disminuyes tu conocimiento de lo que está sucediendo y de lo que estás haciendo. Inviertes energía en tu mente en lugar de en un encuentro genuino. En cualquier caso, el tiempo y el lugar presentes son tu auténtico hogar, y estar allí tiene numerosas ventajas.

Desarrolla el cuidado

El cuidado es el mejor acercamiento a la cercanía. Incorpora el conectarte a tierra, consciente de ti mismo/a, tu entorno y los individuos en ellos. A medida que se amplían tus puntos de vista, numerosas impresiones brindan críticas valiosas sobre lo que está sucediendo, lo que te permite decidirte por mejores opciones y hacer un movimiento cada vez más poderoso.

Puedes estar cada vez más seguro/a de que estás realmente 'allí' para manejar los problemas y poner un esfuerzo concentrado completamente en lo que requiere la circunstancia. Estar cuidadosamente presente y brindar a los demás tu total consideración también es importante para construir y mantener excelentes conexiones. Sin embargo, lo más importante es que te permite continuar con una vida consciente y auto-coordinada.

Valora tu singularidad

¿Valoras el tú que dirías que eres? Es una combinación de numerosas características que te hacen extraordinario/a.

Cuando realmente valoras tus extraordinarias cualidades, no es necesario que te sientas mal por ser único/a.

No es necesario que te adaptes a la forma en que otros hacen las cosas si no es una buena opción para ti. Eres el punto focal de tu vida, y cuanto más eres tu verdadero yo, más puedes caminar por tu propio camino.

Prepárate para la resistencia

Es normal sentir un mayor temor y cuestionarte mucho al inspeccionar tu vida, tus decisiones y tus horarios. En cualquier caso, date cuenta de que la resistencia es una indicación de que estás en el camino correcto, dirigiéndote directamente a tu yo superior. Si no hicieras una diferencia, no estarías asustado/a. La resistencia es una indicación de que debes continuar y hacer lo que te aterroriza hacer.

A medida que comienzas a cambiar para vivir más con intención, es normal sentir temor o cuestionarte a ti mismo/a. Esto implica que estás en el camino correcto.

Sentir resistencia es una indicación de que debes seguir adelante y permanecer enfocado/a en tus necesidades.

Asegúrate de que tus actividades estén alineadas con tus cualidades y metas. ¿Qué podrías hacer hoy que te ayude a acercarte más al "día perfecto" que te has propuesto?

Revela tus cualidades

En el momento en que reconoces lo que es imperativo para ti, puedes utilizarlo como una brújula para cada elección que hagas. Si tus cualidades incluyen el reconocimiento de ti mismo/a, el bienestar y la apreciación, es probable que decidas pasar tus días ensayando yoga, bebiendo jugo verde y meditando, en lugar de todos los días beber ginebra hasta las 2 am en el bar más cercano. En definitiva, ¿qué te ilumina?

. . .

Deshazte del desorden

Dado que has comenzado a implementar pequeños hábitos diarios que reflejan tus objetivos, el siguiente paso fundamental es deshacerte del desorden. En ese momento, concéntrate en una región de tu hogar que te haga sentir más nervioso/a cada semana y elimina cualquier desorden. Puede ser tu armario, tu patio, tu habitación, tu cocina.

La principal constante en la vida es el cambio. De esta manera, cuanto más invitamos al cambio y menos nos apegamos a las cosas (empleos, bienes, condiciones de cualquier tipo), más simple se vuelve la vida. Una mentalidad de "cuando algo no va en mi dirección y lo mantengo, algo mejor se está deteniendo en llegar a mí" demuestra ser genuino. Deja que esto te guíe a través de ocasiones precarias.

Deja de contrastarte con los demás

El compararte es un adversario definitivo, es incesante, pierdes la pelea. En general, pasaremos por alto que el compararse es optativo, exagerado e increíble. Las personas a tu alrededor pueden haber obtenido un avance maravilloso, pero sus hijos pueden estar luchando en la escuela. Tu compañero de piso puede tener una figura inimaginable y, sin embargo, experimentar los efectos nocivos de una intensa inquietud o inseguridad en las conexiones sentimentales. Enfócate y concéntrate en ser simplemente la mejor forma de ti.

Sé intencional con tu salud

Si bien muchos de nosotros establecemos objetivos hacia el comienzo del año para estar más en forma o estar sanos, muy de vez en cuando nos adherimos a estos objetivos durante más de un par de meses. Más bien, nos ocupamos del trabajo o de la vida y perdemos la motivación para mantener los buenos hábitos de bienestar.

Es significativo que establezcamos objetivos intencionales que tengan una motivación razonable y que se escojan a la luz del hecho de que son importantes para nosotros. En el momento en que vivimos con intención, estamos viviendo como nuestro verdadero ser, decidimos desenredar nuestra vida y volvernos menos enfocados.

Desde lo que comemos hasta dónde compramos y cómo invertimos nuestra energía, todo proviene de continuar con una vida progresivamente intencional. Cada mañana, deja pasar 10 minutos cuando te despiertes por primera vez, incluso si necesitas levantarte un poco antes, reflexionando sobre el día que tienes por delante y lo que necesitas de él, sin buscar tu teléfono cuando la alarma se detenga.

• • •

Contempla internamente: ¿cómo me gustaría sentirme hoy? ¿Qué me encantaría lograr? De hecho, incluso las cosas pequeñas y básicas cuentan, como llamar a un hermano, examinar un curso fascinante o redactar una nota para agradecer.

Un par de momentos iniciales después de despertarte son los más importantes para establecer el ritmo y tu estado de ánimo para todo el día. Prepara té o espresso si lo deseas y solo pasa esos valiosos minutos imaginando el gran día.

De igual manera, regularmente, mantenemos a personas que conocemos en nuestras vidas sin realmente pensar ni comprometernos. Es difícil ser un amigo genuino, predecible y presente para al menos 12 personas, especialmente con las exigencias diarias de la vida.

Elige amigos que te eleven, te refuercen y te motiven. Rodéate más de ellos y sé también un/a amigo/a generoso/a y motivador/a. Date permiso para desvincularte, si es necesario, de los demás con cariño. La vitalidad es efectiva: contribuye donde más marques la diferencia.

Sé intencional con tu cuerpo

• • •

Ser intencional con tu cuerpo implica tener una forma de vida que funcione o mantener un horario de ejercicio confiable. No tienes que pagar por la inscripción en un gimnasio para ponerte en forma como un violín y mantenerte sólido/a. Todo lo que necesitas es de 20 a 30 minutos todos los días.

Sé intencional con tus finanzas

Vivir con intención básicamente implica poner recursos en ti mismo/a. Hasta ahora, hemos asegurado cómo puedes poner recursos en tu tiempo, tu espacio y tu bienestar; otra parte central de vivir con intención es poner recursos en tus fondos. Aquí hay cinco formas diferentes de poner recursos en tus fondos:

1. Ahorra e invierte una parte de tus ingresos

¡Págate a ti mismo/a primero! Sugiero ahorrar en cualquier caso el 10% de tu salario (o más si es concebible). Si el 10% es un tramo superior en este momento, entonces sugiero comenzar poco: abre una cuenta bancaria hoy y almacena $100. Puede parecer una cantidad modesta, sin embargo, este es el avance más significativo.

A partir de hoy y al hacer ese primer esfuerzo, te demuestras a ti mismo/a que puedes reservar efectivo, todo el mundo necesita empezar en alguna parte; sugiero robotizar tu cuenta bancaria. Cuando empiezas a ahorrar tu sueldo, el siguiente paso es aportarlo: debería ser posible contribuir con tu efectivo de varias maneras, por ejemplo, poniendo recursos en activos comunes, reservas de archivos, intercambio financiero o terrenos.

2. Crea un fondo de emergencia

Reservar dinero en efectivo brinda una red de bienestar para costos improvisados y previene obligaciones inútiles. Sin embargo, muchas personas no han comenzado a ahorrar porque no creen que pueda suceder algo grave o no creen que tengan suficiente dinero para hacerlo.

3. Paga la deuda de tu tarjeta de crédito

La reducción o la eliminación de las obligaciones de la tarjeta de crédito y otras obligaciones de alto interés deben estar en el punto más alto de tu lista de necesidades. Cuando pagues la obligación de *MasterCard*, tendrás la opción de orientar el efectivo que estabas utilizando para cuidar tus tarjetas de crédito hacia el ahorro.

Inspecciona lo que es extremadamente crítico para ti

La razón da un rumbo a la vida, pues reconoces lo que necesitas expresar o lograr y buscas métodos para hacerlo; el diseño es diverso a los objetivos. Un motivo se identifica con la calle como un viaje, aunque las metas son las paradas en el camino: en el momento en que el camino que estás tomando es notable y beneficioso para ti, tu vida tiene sentido.

La búsqueda de significado y razón puede activarse dirigiéndote hacia tu interior o mediante cambios exteriores sensacionales. Normalmente, las personas están seguras de lo que ya no necesitan, pero aún no han encontrado lo que necesitan. Por ejemplo, un comerciante, que se comprometió con la estabilidad financiera y, cuando lo logra, vende el negocio. Puede aventurarse a los rincones más lejanos del planeta para disfrutar desde lo que está fuera, pero luego llega el escrutinio: ¿qué tiene que hacer con un recuerdo increíble que le da satisfacción?

Las circunstancias forzadas también pueden provocar la inspección de cómo va la vida. Por ejemplo, después de encuentros horribles, muchas personas intentan compartir sus conocimientos y aprendizajes para ayudar a otros. Establecen fundaciones, hacen el esfuerzo caritativo, dan charlas, hacen trabajos manuales o componen un libro. Centrados en temas más notables que ellos mismos, buscan aportar algo importante para el mundo y para ellos mismos.

Ten en cuenta que no puedes controlarlo todo

La vida tiene una cantidad significativa de poderes más notables que cualquier control que podamos tener.

. . .

No se puede cambiar el clima, la economía, las disposiciones de las personas o el tráfico de hoy; una vez escuché que podíamos controlar solo el 20 por ciento de nuestra vida cotidiana. Sea como fuere, lo que podemos hacer es dar el 100 por ciento a nuestro 20 por ciento y renunciar al resto. ¿Eso no alivia un poco la ansiedad?

Imagina tu día ideal

Imagina, podrías estructurar tu día ideal. Desde el momento en que te levantas en la primera parte del día hasta el momento en que te acuestas al anochecer, ¿qué podría implicar tu día óptimo? ¡Tienes la autorización para pensar más allá de los límites prácticos! Empieza por preguntarte qué necesitas.

No pienses en lo que otros necesitan para o de ti, sin embargo, lo que TÚ necesitas. ¿Dónde estás? ¿Con quién estás? ¿A qué dedicas tu tiempo? Como un mentor holístico que usa esta actividad de forma rutinaria (considerando los diferentes contextos de las personas), entiendo cómo el gasto mínimo entra en juego por completo.

Con frecuencia, tu vida óptima puede estar más cerca y más alcanzable de lo que podrías sospechar.

. . .

Simplemente concéntrate en los "qué" en el momento presente, le daremos sentido a los "cómo" más adelante.

¿Qué harás en tu día óptimo? ¿Dónde vivirás? ¿Con quién invertirás tu energía? Lo más probable es que muchos de nosotros descartemos invertir energía en redes sociales en nuestro "día óptimo". Sé genuino/a contigo mismo/a y piensa en lo que aprecias a lo largo de la vida cotidiana.

¿No estoy entendiendo que el éxito significa para ti? ¿Significa invertir energía con tu familia? ¿Significa entrar en un negocio? ¿Significa ir a lo largo y ancho? Visualiza un día beneficioso y observa las cosas que se recordarán en tu día.

Incremente sus ingresos

¿Has estado tratando de vivir de manera más económica al reducir tus gastos y todavía sientes que estás viviendo al día? Lo más probable es que no tengas un problema de gastos, sino un problema de ingresos. Sé que ninguno de nosotros necesita admitir que nuestro salario es demasiado bajo, de todos modos, de vez en cuando simplemente no ganamos suficiente dinero para cubrir los gastos de la vida.

Independientemente de si ganas un salario respetable y

practicas buenos hábitos relacionados con el dinero, aún es fundamental descubrir formas de construir tu salario.

¿Por qué? Pues porque la ampliación de tu salario te permite tener el poder de la decisión. Cuando aumentas tu salario y creas riquezas, las probabilidades no son un solo evento ni la desgracia podría hacerte perder.

Por ejemplo, las personas ricas a menudo tienen varias inundaciones de salario, pues al final del día, no amarran sus activos en un solo lugar. Entonces, ¿cómo podrías incrementar tu salario? Para empezar, tienes que deshacerte de tu mentalidad de escasez y temor. Más bien, concéntrate en desarrollar una mentalidad de riqueza.

Tener una mentalidad de plenitud es esencial para el logro presupuestario, enfócate en mejorar el mundo. Hay una cantidad ilimitada de riquezas que puedes agregar, y no hay restricciones a las puertas abiertas que necesitas para reunir más riquezas.

Las personas tenemos numerosos sentimientos de inquietud, pero normalmente se pueden clasificar como uno de dos encuentros.

. . .

El primero es no tener suficiente: desde un punto de vista transformador, necesitamos el sustento diario para sobrevivir. Nuestras vidas se han desarrollado; sin embargo, nuestro miedo a no tener suficiente no lo ha hecho, por lo tanto, tampoco hemos superado nuestras sociedades consumistas y la constante necesidad de más.

El segundo es el temor de no ser suficiente: suficientemente inteligente, suficientemente rico, suficientemente ligero, suficientemente famoso. Recuerda que todo el mundo tiene estas aprensiones equivalentes en su centro: diviértete de todos modos, especulando sobre el subtexto de las palabras y actividades de los demás. Comprender estos sentimientos humanos centrales de inquietud ayuda a descargar su control sobre nosotros.

Una vez realizado esto, descubre cómo construir tu salario. Esto puede incluir obtener un aumento de salario en tu lugar de trabajo actual, emprender una actividad posterior, buscar una actividad mejor remunerada para suplantar tu lugar de trabajo actual o descubrir enfoques para un ajetreo secundario. Incluso puedes optar por entrar en algún negocio.

4. Mantén un enfoque realista

. . .

Los griegos antiguos solían comprender y ensayar dos importantes métodos de razonamiento. Inmediatamente comprendieron que la alegría era el deleite que experimentas cuando te esfuerzas por alcanzar tu capacidad latente. ¡A seguir desarrollándonos! Además, ponían en práctica el "ensayo de la muerte todos los días". Recuerda, tu tiempo en el planeta tierra es momentáneo, el de todos lo es.

Deja que esto te convenza, te impulse y aniquile tu ansiedad por lo que piensen los demás. Tener claro lo que valoras, organizar cada día con intención, rodearte de personas sólidas y mantenerte fiel a tu motivación son los puntos clave para continuar con tu vida con estructura. Procede, deja que tu capacidad te deje boquiabierto/a.

5. Encuentra tu propio significado y razón

Tus pensamientos no necesitan ser sorprendentes, abiertos o incluso explícitos. Pueden ser una inclinación, el anhelo de algo mejor, un sentimiento de rumbo y meta en general; pueden ser algo más grande que tú mismo/a, un sueño que vigoriza y llena la existencia de intriga y desafío. O, de nuevo, puede parecerse a un competidor que intenta mejorar su forma de ser y convertirse en la mejor versión de sí mismo que puede ser.

. . .

Lo que elijas será importante para comunicar cuál es tu identidad y qué es un incentivo para ti. Otros pueden intentar revelarte el rumbo que debes tomar y cuál debería ser tu motivación: trata de no ser ocupado/a ni redirigido/a; sin embargo, encuentra lo que es directamente para ti y te hace sentir bien contigo mismo/a.

Elige tu propia calle para viajar sin importar si es todo menos un viaje tranquilo

Para descubrir tu camino hacia una nueva importancia y razón, piensa en una parte de las preguntas adjuntas:

- ¿Qué es lo que hace que valga la pena vivir tu vida?
- ¿Qué necesitas que sea tu vida?
- ¿Quién te gustaría ser?
- ¿Cómo podrías expresar tus extraordinarias bendiciones y cualidades?
- ¿Qué podrías traer a tu vida que te dé satisfacción, felicidad y la capacidad de distinguir el este del oeste?
- ¿Qué te gustaría que se mencionara sobre ti en un servicio conmemorativo o que se grabara en tu lápida?
- ¿Qué le da sentido y razón a tu vida?
- ¿Es verdad que estás recorriendo un camino en la vida que es curiosamente tuyo?
- ¿Cuáles son tus limitaciones?

7

Establecer objetivos

Ya revisamos a fondo la importancia de establecer tus objetivos, ahora los siguientes consejos te ayudarán a establecer tus objetivos con mayor facilidad y rapidez. Considera los siguientes seis métodos:

Sé consciente de lo que quieres

Una de las maneras de identificar lo que quieres es determinar cuáles son tus metas a diversos plazos de tiempo.

Cuando te vuelves más consciente de lo que quieres en la vida y cuando decides cuáles serán tus objetivos, es evidente que podrás tomar mejores decisiones.

. . .

Las personas que no son auto-reflexivas sin duda terminarán tomando malas decisiones porque, en primer lugar, no son conscientes de lo que quieren en la vida. Por eso, a la hora de tomar una decisión, debes preguntarte dónde quieres estar el próximo año y si esa decisión te ayudará a llevarte al lugar en el que quieres llegar.

Si tus respuestas son bastante diferentes de lo que estás buscando, entonces lo mejor que puedes hacer es tomar una decisión diferente. Entonces, el punto crítico aquí es identificar lo que quieres en la vida.

Pide consejo, pero toma tus propias decisiones

Es cierto que tomar una decisión no significa que no debas buscar el consejo de los demás; después de todo, nadie es una isla aislada de conocimiento. Pero debes ser cauteloso/a, pues esta podría ser una decisión con respecto a tu relación, tu bienestar o tu trabajo: ¿te sientes cómodo/a confiando en los demás y pidiendo su consejo?

Es posible que los demás no entiendan exactamente cómo te sientes, pero ¿debería ser esa una razón por la que no deberías buscar consejo? ¡No! Puedes recopilar información de ellos y tomar tu decisión final tú mismo/a. También es importante recordar que, en última instancia, tú eres quien tendrá que vivir con tu decisión.

Presta atención a tu instinto

Sí, todos nos conocemos mejor de lo que creemos. Pero en algunos casos, la mayoría de las personas ignoran el mensaje que les dice su instinto, ya que no quieren escuchar las consecuencias que traerá su decisión o lidiar con la realidad de la misma.

Es esencial ser objetivo y lúcido cada vez que nos enfrentemos a momentos difíciles, como tomar decisiones importantes. Por lo tanto, cuando estés tomando una decisión difícil, es ideal que escribas todo lo que estás pensando y la razón por la que crees que te sientes así.

A medida que comienzas a tener un diálogo interno contigo mismo/a, puedes perderte en un laberinto interminable de pensamientos. Al escribir tus pensamientos, fortalecerás tu convicción y es más probable que escuches tu instinto.

Asegúrate de estar en el estado mental adecuado

A una persona que no está de buen humor le resultará más difícil tomar la decisión correcta. Los sentimientos desagradables que podrían influir en el proceso de toma de decisiones incluyen estrés, hambre y somnolencia.

Tomemos, por ejemplo, si estás tratando de averiguar qué comerás en el almuerzo cuando tengas hambre, ¿con qué facilidad podrás decidirlo? Y esta es una decisión relativamente pequeña. Por lo tanto, para evitar ser precipitado/a, al tomar una gran decisión, debes asegurarte de sentirte cómodo/a y emocionalmente equilibrado/a.

Luego, una vez que se hayan cumplido estos criterios, toma tu decisión.

Aprende a confiar en ti mismo/a

No confundas confiar en ti mismo/a con arrogancia y tener un gran ego. Los expertos han dicho que la primera persona en la que un individuo tiene que confiar es en sí mismo. El hecho de que creas en ti mismo/a no te hace arrogante ni orgulloso/a, nadie podría apoyarte de la misma manera que tú aprenderás a serlo.

Entonces, ¿cómo logras confiar en ti mismo/a? Comienza por ser amable contigo mismo/a; cuando lo haces, aumentas tu confianza en ti mismo/a y no necesitas buscar la aprobación de otras personas antes de tomar una decisión. Confiar en ti mismo/a también te permitirá tomar una decisión acertada eventualmente, incluso después de reunirte con personas para pedirles consejo.

Además, cuando te amas y te cuidas a ti mismo/a, tu conexión con los demás se fortalece. No olvides que es una tarea tener la fuerza para confiar en ti. Entonces, tan pronto como encuentres la confianza, te sentirás empujado/a y, por lo tanto, serás valiente para tomar grandes decisiones en el futuro.

Práctica, práctica, práctica

La forma de mejorar es tomando tus propias decisiones todos los días. Si se convierte en parte de tu rutina diaria, tendrás más confianza en la toma de decisiones y será más fácil y rápido tomar medidas con intención.

Según los psicólogos, dominar el proceso de tomar las decisiones correctas depende de muchos factores.

Incluyen la edad o etapa de desarrollo de una persona, su idea de lo que está bien y lo que está mal, y su comprensión de lo que implica el proceso de toma de decisiones.

. . .

Como no estás familiarizado/a con la toma de decisiones importantes por ti mismo/a, inténtalo durante una semana y no le pidas a nadie que tome decisiones por ti.

A medida que mejores gradualmente, se volverá parte de ti y, por lo tanto, tendrás el control, sin la influencia de otra persona. Con estos seis consejos, ¿cuál es el resultado final? Para ser bueno/a tomando decisiones importantes, realmente debes dedicar mucho tiempo y práctica. Y en el momento en que estás allí, eres tu propio/a jefe.

8

Enfoque en tus metas

En cada ejemplo de superación de la adversidad, la sección más larga es la de la determinación. Si bien el logro requiere muchas cosas de nosotros, la fuerza de voluntad y la determinación aparecen constantemente como la prioridad más alta en el resumen.

Numerosas personas aceptan que somos traídos al mundo con determinación, y los que tienen éxito son básicamente los bienaventurados que son traídos al mundo con un inventario copioso. En el caso de que pidas a algún individuo fructífero que te revele la fuente de su éxito, dirán que no fueron traídos al mundo con más empeño; constantemente aprendieron cómo refrenar y utilizar lo que tenían con más éxito.

En el momento en que los compromisos nos estiran y nos tiran en cada dirección, es cualquier cosa menos difícil dejar que la vida nos domine. Es cualquier cosa menos difícil sumergirse en crisis y emergencias que parecen prácticamente inevitables, por lo que perder ese enfoque extremadamente significativo generalmente se siente irrelevante.

Sin embargo, en el fondo de nuestro cerebro, nos damos cuenta de que esas razones nos llevarán hasta este punto. En verdad, es cualquier cosa menos difícil dejar que la vida nos burle. Sin embargo, no está bien desviarse hacia un camino tan distante que pasemos por alto lo que realmente deseamos profundamente y por qué realmente lo necesitábamos. Por lo tanto, permanecer enfocado en nuestras metas no solo es importante; es crítico.

Si tienes algunos objetivos grandiosos que te has fijado (y quién no los tiene en general), es probable que te estés golpeando a ti mismo/a pensando en cómo puedes cuidar tu recompensa, por así decirlo. Sea como sea, ¿realmente tiene que ser tan difícil? ¿Es realmente tan difícil permanecer enfocados en algo que estamos tratando de lograr, o diríamos simplemente que no estamos adoptando la estrategia correcta? En cualquier caso, existe un marco para mantenerte enfocado/a en tus objetivos.

Existen estrategias y procedimientos que puedes ejecutar para ayudarte a evitar que te descarriles y te desvíes al extremo. La clave aquí es establecer un arreglo antes de perder ese enfoque extremadamente importante.

En el momento en que tienes la disposición para mantenerte enfocado/a, y puedes prever esas cosas que desperdician el tiempo y las cosas que en general te llevarán a desviarte del camino, es mucho más fácil hacer las cosas.

En el momento en que no lo haces, en general experimentamos lo simple que es ignorar nuestros objetivos por un día más simplemente.

Entonces, ¿cómo funciona esto? ¿Cómo nos mantendríamos enfocados en nuestras metas con el objetivo de que podamos lograr las cosas que necesitamos lograr en lugar de estar atrapados en el negocio como de costumbre por un día, semana, mes o incluso año más? Hay ocho técnicas excepcionalmente innovadoras que puedes utilizar para ayudarte a retener tu enfoque en tus objetivos. Utilizar uno o varios depende completamente de ti.

Sea como sea, haz un arreglo y adhiérete a ese arreglo, no perder el foco en tus objetivos será mucho más fácil si lo haces.

Escribe tus metas

Si no has logrado tus metas, en ese momento, sientes la pérdida de la parte más importante de la configuración de objetivos viables. En el momento en que no compones tus objetivos, se quedan en teoría: son menos genuinos, independientemente de si crees que son tan genuinos como pueden ser.

Necesitas registrarlos y estar bastante seguro/a acerca de ellos. Elaborar tus objetivos es también la fase inicial en la técnica de establecimiento de objetivos SMART (específicos, mensurables, alcanzables, relevantes y temporales).

Si necesitas permanecer enfocado/a en tus objetivos, en ese punto, debes garantizar que los estás manejando de la manera correcta, esto también se denomina configuración de objetivos dinámicos, que es el inverso directo de la configuración de objetivos inactivos en la que participa la gran mayoría.

La definición de objetivos inactivos solo mantiene el objetivo en tu cerebro. Si bien las sutilezas pueden filtrarse en algún lugar dentro de los límites de tus consideraciones, todavía es una teoría, ya que nunca se ha resuelto ni detallado en papel antes.

Si participas en un entorno objetivo distante, es una forma fácil de perder el enfoque en tus metas.

Si no estás bromeando acerca de tus objetivos, en ese momento, debes establecerlos y detallarlos bien. Utiliza la estrategia SMART, o simplemente haz tantos detalles como puedas en tus objetivos planificados si realmente necesitas lograrlos.

Crea una declaración de propósito

En caso de que no estés bromeando acerca de tus metas, necesitas una declaración de propósito. Las organizaciones hacen declaraciones de propósito constantemente, entonces, ¿hay alguna razón válida por la que no deberías hacerlo? La declaración de propósito debe ayudarte a dirigir tu tiempo y vitalidad hacia las cosas que más te importan y ayudarte a permanecer enfocado/a en esos objetivos inconmensurablemente significativos.

¿Qué estimas? ¿En qué tienes confianza? ¿Qué te gustaría lograr o completar? ¿Cómo te llevas las cosas de manera única en contraste con otras personas? Haz una declaración de propósito detallada en 4 o 5 oraciones y cuélgala en algún lugar donde puedas verla todos los días.

En el momento en que te desvíes o pierdas la concentración, vuelve a leer tu declaración de propósito y vuelve a imaginar por qué estás haciendo lo que estás haciendo de manera constante.

. . .

Conviértete en un poderoso supervisor de tu tiempo

Básicamente, es difícil mantenerte enfocado/a en tus objetivos si no puedes administrar tu tiempo. Conviértete en un jefe de tiempo convincente y verás que avanzas en lugar de quedarte atrás. Elige un período de tiempo que funcione y trabaja en él.

Probablemente el mejor que existe es el marco de tiempo de cuadrante del tablero. Separa tus ejercicios diarios en cuatro cuadrantes que dependen de dos variables: 1) criticidad y 2) importancia. Las cosas son serias y significativas, ninguna de las dos, o cualquiera de las dos. De lo que se trata, sea como fuere, es de evitar ejercicios de pérdida de tiempo, que no son apremiantes y no significativos (cuadrante 4).

Es cualquier cosa menos difícil perder el enfoque en tus objetivos cuando estás ocupado con este cuarto cuadrante durante gran parte del día, que incluye cosas como el uso exorbitante de las redes sociales, ver televisión en maratones, asociarse demasiado con compañeros, etc. En el caso de que realmente necesites permanecer enfocado/a en tus objetivos, evita ese cuadrante y asegúrate de pasar la mayor parte de su día en el cuadrante que no es crítico pero significativo (cuadrante 2), que incluye tus objetivos a largo plazo.

. . .

Nuestros objetivos a largo plazo nunca son apremiantes en el tiempo y el lugar presentes. Sin embargo, son fundamentales para nuestras vidas. No podemos lograr nuestros objetivos si vivimos continuamente en modo cauteloso, invirtiendo nuestra energía simplemente respondiendo a la vida y sentados sin hacer nada, en lugar de una ofensiva clave, donde estamos manejando las cosas de frente al arreglar con anticipación.

Desarrolla logros hacia tus metas

De vez en cuando, es difícil mantenerte enfocado/a en nuestras metas ya que parecen estar muy distantes. ¿Cómo se espera que permanezcamos inspirados hoy, para un objetivo que esperamos lograr dentro de uno, dos, tres meses o incluso dentro de bastante tiempo?

Presumiblemente, es problemático.

Sea como fuere, es mucho más fácil si puedes llegar a tener muchos pequeños logros hacia tus objetivos. El obtener muchos logros te ayudará a avanzar hacia tus objetivos sin perder el enfoque. Por ejemplo, puedes establecer un logro mes a mes o incluso un logro semana tras semana, esto te ayudará a mantenerte en el camino a medida que avanzas en pos de ese objetivo a largo plazo.

Para realizar tus logros, simplemente separa tus metas en dos mitades. Por ejemplo, si esperas pagar tu deuda por $12,000 en el próximo año, entonces necesitas un logro mensual de $1000 en la disminución roja. En ese punto, tú puedes facilitar lograr tu meta considerablemente separando ese logro de mes a mes o en logros de semana a semana de $250 adeudados disminuidos, por ejemplo, o incluso logros de día a día también.

Así es mucho más fácil mantenerte enfocado/a y encaminado/a hacia los logros, ya que parecen ser más sensibles que nuestros objetivos a largo plazo, sin embargo, todavía nos están enviando por un camino similar.

Construye con cautela una gran cantidad de logros que te ayudarán a seguir adelante en lugar de mantenerte en pasividad para lograr tus objetivos.

Haz un tablero de sueños, una película mental o algún marco que se llene como una muestra consistente de lo que realmente estás buscando. El "por qué" detrás del objetivo es esencial, ya que servirá de inspiración.

Supón que la explicación de que necesitas adquirir $10 millones es para comenzar una escuela en un área que la necesita. Piensa en cómo se vería la escuela para que puedas visualizarla todo el tiempo. Dedica tiempo ordinario todos los días, aunque solo sean cinco minutos, para visualizar este objetivo, cuantas más sutilezas puedas colocar, mejor.

Asóciate sinceramente con la percepción poniendo música, grabaciones o cualquier cosa que te proporcione una carga apasionada. La interfaz apasionada es gigantescamente significativa, ya que te animará a seguir avanzando hacia tu objetivo.

Desarrolla meticulosamente y sigue un arreglo

Para permanecer enfocados en nuestras metas, necesitamos un arreglo. Un arreglo es algo que nos ayuda a pasar de los negocios como de costumbre a lograr nuestras metas después de un tiempo. Sin arreglo, somos como un pez fuera del agua, descubierto a tientas.

En su mayor parte, terminamos quedándonos cortos sin un arreglo. En caso de que no estés bromeando acerca de tus objetivos y necesites mantenerte híper-concentrado/a en lograrlos, haz un arreglo. ¿Por qué método llegarás desde donde estás hoy para lograr esas elevadas metas? No digas simplemente que necesitas lograrlos.

En cualquier caso, imaginarlos de manera suficientemente distintiva no será suficiente, tienes que desarrollar un arreglo. Sin embargo, esto no debería ser simplemente cualquier arreglo, debe ser un plan de actividad monstruoso. Es un arreglo por el que avanzarás todos los días, sin tirar la famosa toalla.

Como un todo, nos damos cuenta de que es difícil lograr esas enormes metas que nos propusimos. Sin embargo, obviamente, es posible ya que otros nos han precedido y han logrado eso y mucho más, incluso comenzando con circunstancias cada vez más desfavorables. Debes hacer un esfuerzo a largo plazo para ayudarte a alcanzar tus objetivos, pero ten en cuenta que puedes y debes cambiar en el camino. Lo que no debe cambiar son tus metas.

Puedes llegar a tus objetivos siempre y cuando puedas seguir un arreglo.

En caso de que veas que la solución no está funcionando, simplemente debes cambiar ligeramente tu rumbo. No se necesita mucho, sino que se necesita constancia.

Analiza tu avance con regularidad

Una forma urgente de mantenerte enfocado/a en tus objetivos es seguir e investigar tu avance. De hecho, ¿por qué otro método te darías cuenta exactamente de cuánto has avanzado para lograr tus objetivos o exactamente cuánto queda por recorrer? Sin duda es mucho más difícil de hacer como tal, eso es sin duda.

Cada objetivo cuantificable debe ser seguido y desglosado todos los días. Independientemente de si se trata de un objetivo en efectivo, un objetivo de reducción de peso o algún otro objetivo, debes hacer un seguimiento de los números que emiten, lo que te acercará más a tu objetivo. En este sentido, si ves que algo no funciona, puedes arreglarlo antes de que pase el punto de no retorno.

En caso de que estés reservando efectivo, debes monitorear tus gastos todos los días. Debes seguir cada centavo rojo que sale de tu registro, junto con cada centavo que ingresa.

Este tipo de conducta fastidiosa puede sonar exagerada, pero es el camino hacia el logro de objetivos y permanecer enfocado/a en tus metas después de un tiempo.

Utiliza tu teléfono celular o una hoja de cálculo en tu estación de trabajo para trazar tus resultados todos los días. Si puedes seguir más a menudo tu día a día, y es un buen augurio, entonces hazlo. Cuanta más información tengas, más podrás examinar y decidir cuáles de tus esfuerzos están dando sus frutos y cuáles se están desperdiciando.

. . .

Antes de descansar, establece algunas decisiones esenciales sobre lo que harás mañana, por ejemplo, qué vestirás, qué almorzarás y el rumbo que tomarás para ir al trabajo. Es más fácil empacar un buen almuerzo la noche anterior que elegir lo que comerás con un vendedor de comida rápida detenido enfrente de tu entorno de trabajo. El equivalente se aplica con respecto a incrementar tu efectivo. Elige un límite financiero y apégate a él.

Toma una decisión la noche anterior, no revisarás tus mensajes ni navegarás por Internet antes de haber completado las tareas más importantes que deben completarse.

Cíñete a tu calendario y hacia el final del día, cierra los ojos por un momento y observa lo bien que te sientes al ser responsable de tu día.

Adquirir la propensión a organizar tu día con anticipación eliminará tus opciones más sencillas de la mesa, lo que hará que sea más fácil evitar distraerte sentado/a sin hacer nada y gastar energía en cosas pequeñas e inmateriales.

Evita perder el tiempo

Algunas veces, permanecer enfocados en nuestras metas implica esquivar el perder el tiempo. Considerándolo todo, generalmente podríamos hacer más para mantener una distancia estratégica del estancamiento, ya que nos afecta a todos un poco. En cualquier caso, también sabemos que no es fácil usar todos los medios para cumplir una meta en lugar de retrasar su cumplimiento solo un poco más. Sin embargo, en el caso de que realmente queramos llegar a nuestros objetivos, necesitamos establecer algunas metodologías.

¿Cómo podemos evitar estancarnos todos juntos y permanecer enfocados y encaminados?

Un enfoque directo para hacer esto es utilizar el estándar de 15 minutos. Básicamente, toma tu teléfono celular o algún otro dispositivo con un reloj y configúralo para medir 15 minutos. ¿La idea? 15 minutos es un número demasiado pequeño como para pensar en fallar, todos seríamos capaces de lograr algo durante 15 minutos.

Concéntrate en hacer lo que sea que hayas estado postergando durante 15 minutos, no más. Cuando se acaben los 15 minutos, puedes decidir parar. O bien, si la fuerza es tu aliada, sigue adelante. Lo que descubrirás es que, después de 15 minutos, normalmente decidirás continuar.

. . .

Además, independientemente de si te detienes, en cualquier caso, llegaste a la meta; dejas de demorarte, independientemente de si fue solo por un breve período de tiempo.

Dado que los hábitos requieren algún esfuerzo para enmarcarlos o romperlos, este es un cambio significativo en la especialidad del arreglo de propensión. Las vías neuronales, que incluyen esos desvíos de propensión en nuestras mentes, rascan más y más profundamente después de un cierto tiempo. En el momento en que se dejan sin descansar, simplemente siguen tallando más.

Es más, cuanto más profundo esculpes ese canal, más difícil es poner fin a una propensión. Esa es la razón por la que te estancas, y alguna otra propensión desafortunada resulta ser exponencialmente más difícil de detener con el tiempo. De esta forma, la regla de los 15 minutos es un ejemplo ideal de procedimiento de interrupción.

Implementar sistemas motivacionales

La última estrategia, pero no menos importante, para mantenerte enfocado/a en tus objetivos es actualizar cualquier número de métodos motivacionales accesibles para ayudarte a mantenerte encaminado/a. Actualmente, lo que te despierta puede no ser lo mismo que lo que mueve a otra persona, pero la motivación es inequívocamente progresivamente directa.

Para impulsarnos, necesitamos mover nuestro enfoque. Si bien la motivación de saber tu camino puede ser impulsora (si estableces tus objetivos de la manera correcta), debes, a partir de ahora, tener una base de motivación que pueda ayudarte a designar el sistema para lograr tus objetivos.

Sin embargo, es la parte motivacional la que es problemática, todo el mundo se da cuenta exactamente de lo difícil que puede ser esto. Tenemos todos los objetivos definidos en la víspera de Año Nuevo, por ejemplo, y los ignoramos en algún momento. A decir verdad, los estudios han demostrado que solo el 8% de las personas que establecen metas de Año Nuevo realmente las logran; sin embargo, eso no es ni aquí ni allá.

Si necesitas algo lo suficientemente serio, tomarás las medidas necesarias para seguir adelante, sin embargo, ¿hasta qué punto? ¿Qué sucede cuando te decepcionas o tienes un día terrible? Imagina un escenario en el que sufres una gran desgracia o decepción: ¿qué te ayuda a sostenerte? ¿Qué te ayuda a inspirarte?

Independientemente de si tienes que ver charlas motivacionales, sintonizar música que te entusiasme o, esencialmente, emprender una interesante excursión mental que te ayudará a visualizar tus objetivos con claridad; debes tomar las medidas necesarias. Ya que, al final del día, depende de ti permanecer enfocado/a en tus metas, y no en otra persona.

La principal persona a la que estarías engañando al no esforzarte todos los días para lograr tus objetivos eres tú mismo/a. Haz un esfuerzo valiente para evadir las interrupciones y los derroches de tiempo, y trabaja para alcanzar tus objetivos permaneciendo despierto/a.

Además, si encuentras alguna resistencia, no es el punto en el que debes detenerte. De hecho, incluso las personas más renombradas del planeta han fracasado con fuerza y han fallado con regularidad. Trata de no temer la decepción; sea como fuere, no permitas que un error te deje perder el foco en tus objetivos. Continúa empujando, continúa hacia adelante y nunca, en ningún momento, te rindas.

Termina las cosas más problemáticas primero

Las obligaciones más problemáticas no se simplificarán cuanto más nos preocupemos por ellas o las posterguemos. Simplemente desperdiciaremos la vitalidad que sería mejor gastar simplemente sumergiéndonos en ellas.

. . .

Aterriza inmediatamente en tu obligación más difícil mientras aún tienes un enfoque nuevo y vitalidad.

Nuestros cerebros son más entusiastas hacia el comienzo del día, y ese es el punto en el que debemos manejar los trabajos intensos. Después de que estos están fuera del camino trillado, podemos relajarnos y lidiar con el trabajo más estándar que no requiere mucho en el método de tensión mental, habilidad y vitalidad.

Elimina las interrupciones y los derrochadores de tiempo

Surgirán verdaderas crisis y debemos gestionarlas. La mayoría de las circunstancias que surgen para ocuparnos no son crisis y no necesitan que reaccionemos de inmediato. Un número significativo de estas circunstancias se resolverán solas con el tiempo.

Reaccionar a estas solicitudes rápidamente te preparará para obtener más. Al no reaccionar, estás comunicando algo específico: que eres una persona enfocada y de voluntad sólida que está extremadamente ocupada, y después de un tiempo, estarás menos preocupado/a por asuntos menores que desperdician el tiempo.

Recupera y mantén tu vitalidad

. . .

Disfruta de un breve respiro al intentar algo si sientes que tu vitalidad se desvanece. Sal a dar un paseo animado, corre, estírate o haz cualquier cosa que te ayude a tomar un retiro conciso del trabajo y la recuperación. Volverás a tu cometido con energía restablecida y un enfoque mental más perfeccionado.

En lugar de comer un gran festín en el almuerzo, come alimentos sólidos, como nuevos alimentos de hoja durante el día. Bebe mucha agua y entra en un programa de ejercicio normal. Organiza una práctica diaria con estos temas, para que no tengas que considerarlos; simplemente se convierten en una parte de tu sistema diario.

9

Establecer fuerza de voluntad

Cuando pospones las cosas, es posible que te falte fuerza de voluntad. La fuerza de voluntad es la capacidad de controlarse a uno mismo y refrenar sus impulsos; aquellos que procrastinan no tienen suficiente fuerza de voluntad para dejar de procrastinar. Debes aprender a controlar tus impulsos ya no ceder a las tentaciones.

Cuando puedas establecer una fuerte fuerza de voluntad, podrás superar tus tentaciones y ver el panorama general.

Será más fácil para ti ignorar cualquier cosa que te esté frenando, ya que serás más fuerte que los obstáculos que podrían estar deteniéndote.

Hay varias formas de establecer una fuerte fuerza de voluntad y fortalecer tu capacidad de ser persistente. Un paso que debes dar es no quedarte abajo. Cuando te encuentras en una rutina, debes ser capaz de salir de ella y poder superarla; puedes usar tu imaginación para ayudarte a ser más dedicado/a, también puedes optar por distraerte de lo que sea que te esté deprimiendo.

Desarrollar buenos hábitos también puede ayudarte mucho, ya que esos hábitos te mantendrán activo/a cuando estés de mal humor. Al formar hábitos buenos y saludables, tienes una rutina establecida que te ayudará a superar esos momentos.

También puedes dar un paso a la vez: no te abrumes con los cambios que debes hacer, analiza tus acciones un paso a la vez. Puedes ser tú mismo/a y aprender a tratarte mejor, buscando durante el camino evitar las tentaciones.

No te ates a una emoción

Es posible que a veces te sientas triste o sin ánimo. Te faltará motivación, será difícil encontrar el impulso para comenzar tus tareas y estarás en lo que se conoce como un estado de agotamiento de la fuerza de voluntad.

. . .

Aunque esto puede suceder de vez en cuando, no debes permitirte permanecer en este estado y convertirlo en un estado constante de vida.

Puede parecer difícil salir, puedes sentir que no hay forma de que vuelvas a encontrar la motivación; sin embargo, debes superar esto y permitirte salir de este estado.

Puedes tratar de racionalizarlo o inventar excusas, pero es necesario reconocer que este no es un estado óptimo para estar.

Es esencial que tengas fuerza de voluntad para que puedas tener el control de tu vida y puedas tener éxito en el proceso de lograr tus objetivos y en la realización de tus tareas. La fuerza de voluntad debe mejorarse, ya que es como un músculo: puede fortalecerse a través del tiempo con la práctica. Sin embargo, es importante que no te excedas en esto. Debes aprender a practicar el autocontrol, pero también es necesario darte descansos de vez en cuando, ya que no puedes vivir tu vida renunciando a todos los placeres.

También debes desafiarte a ti mismo/a regularmente, ya que hacerlo te hará más fuerte y te ayudará a desempeñarte mejor.

Al igual que desarrollar músculo, debes esforzarte para

crecer más fuerte y mejor, pero es igual de importante tener suficientes periodos de descanso.

Usa tu imaginación

Una forma de desarrollar y mejorar tu fuerza de voluntad es usar tu imaginación. Puedes imaginarte en ciertas situaciones o logrando ciertas metas para sentirte de la manera que quieres. En esencia, puedes engañar a tu mente para que tenga una fuerza de voluntad más fuerte.

Esto puede afectar todo lo que haces. Si sientes que estás agotado/a en algún momento de tu vida, es posible que no tengas una fuerza de voluntad tan fuerte como la que tendrías de otra manera. Este sentimiento puede superar a los demás y evitar que logres lo que de otro modo podrías; como resultado, esto te detendrá.

Puedes pensar en formas en las que podrías estar reteniendo el potencial en tu vida. Por ejemplo, los que están a dieta ya se sienten agotados por esto y sienten que están retrasando la felicidad, es posible que no puedan resistir otras tentaciones porque, en cambio, están agotando su fuerza de voluntad con su dieta.

. . .

Puedes pensar en todas las formas en que estás agotando tu fuerza de voluntad y decidir cómo manejarlas. Tal vez te permitas descansos regulares para mantenerte feliz, quizá elimines algunas cosas porque otras te importan más; tu mente puede tener un gran impacto en lo que haces.

También puedes descubrir qué te hace tener una fuerza de voluntad más fuerte e imaginarlo cuando te sientas en un mal estado de ánimo. Tal vez necesites relajación para tener una fuerza de voluntad más fuerte. Si la playa te relaja, puedes tomarte un tiempo para imaginarte en la playa. También puedes imaginarte a ti mismo/a obteniendo alguna gratificación o imaginar cuál podría ser el resultado positivo si practicas el autocontrol. Averigua qué funciona mejor para ti

Distráete

Si te sientes tentado/a por ceder a algo que te desenfoque, piensa en otra cosa. Tal vez necesites terminar una tarea, pero no puedes dejar de pensar en tus planes para el fin de semana, sin embargo, debes mantenerte concentrado/a en tu trabajo. Piensa en el plan exacto para tu trabajo y cómo lograrás lo que necesitas. Puedes imaginar el producto terminado, puedes pensar en los efectos positivos que ocurrirán cuando termines la tarea.

Todos diferirán en lo que pueden distraerse. Determina qué te hace desviarte de la tarea, también es importante determinar qué te ayuda a concentrarte en la tarea. Si puedes determinar ambos, es posible que te distraigas y no te desvíes de la tarea y logres lo que necesitas. Si debes retrasar la gratificación, pero tienes la tentación de ceder, distraerte realmente puede ayudarte.

Cada vez que un pensamiento no deseado e improductivo entre en tu cabeza, piensa en algo en lo que desees tener tu mente en su lugar. Es muy útil tener una lista de temas a los que acudir cuando tu mente comience a divagar. Tal vez tengas una cita que te inspire a volver a la tarea, es posible que tengas cierta actividad que te ayude cada vez que necesites que te lleven al centro nuevamente. Al distraerte de actividades, pensamientos y situaciones improductivas, podrás retrasar la gratificación y te permitirá ser mucho más productivo/a.

Construye buenos hábitos

Es crucial el formar buenos hábitos. Esto asegurará que estés haciendo regularmente lo que quieres hacer con tu vida, y también podrás adoptar estos hábitos cuando estés de algún humor inadecuado.

Puedes contar con la reacción automática de tu cuerpo: cuando establezcas buenos hábitos, te acostumbrarás a hacer las cosas que quieres hacer.

Cómo Hacer Más Haciendo Menos

. . .

Hay muchas maneras de establecer buenos hábitos: una forma es planteándote pequeños desafíos, incluso puedes intentar experimentar con nuevos hábitos. Los desafíos de treinta días son bastante comunes y pueden permitirte ver cómo te gustan esos hábitos y si te gustaría continuar haciéndolos y hacerlos parte de tu vida cotidiana.

Puedes establecer hábitos como parte de una rutina, como levantarte todas las mañanas y tomar un vaso de agua con limón. También puedes tener hábitos como reacción a ciertos eventos o situaciones; por ejemplo, puedes establecer el hábito de respirar profundamente cada vez que te sientas estresado/a o abrumado/a, este hábito puede reducir tu procrastinación.

Cuando te sientes estresado/a o con exceso de trabajo, tiendes a recurrir a tus hábitos automáticos. Sin embargo, puedes establecer buenos hábitos para que tu cuerpo los practique por defecto. Revertirás automáticamente a hábitos positivos y productivos cada vez que te encuentres en un punto bajo. En lugar de fortalecer tus hábitos poco saludables, puedes establecer mejores para reemplazarlos.

Toma conciencia de tus hábitos cotidianos y de los hábitos que hayas establecido. ¿Hay alguno que te gustaría cambiar, quitar o reemplazar? ¿Hay algo poco saludable a lo que siempre vuelves? Toma conciencia de esto y cámbiate para mejor.

Da un paso a la vez

Es posible que te sientas abrumado/a por todos los cambios que tienes que hacer, pues quizás luchas en muchas áreas y deseas mejorar múltiples aspectos de ti mismo. Sin embargo, debes tomar las cosas paso a paso.

En general, las personas solo pueden dedicarse verdaderamente a 1-3 objetivos a la vez. Más que esto no te permitirá comprometerte por completo con esos objetivos, y te verás incapaz de mantener esos objetivos a largo plazo. Sin embargo, si te enfocas en una cosa a la vez que te gustaría mejorar, estarás mucho mejor.

Puede que no te falte fuerza de voluntad; es posible que simplemente tengas demasiado en lo que trabajar. Realmente ayuda el volcar todo lo que estás pensando, haz una lista de cada aspecto de ti mismo/a que te gustaría cambiar o mejorar; esto te ayudará a ver una representación física de todo lo que te gustaría trabajar.

También puede serte útil agruparlos en categorías. Puedes enfocarte en una categoría a la vez, o puedes tratar de hacer una cosa de dos o tres categorías, sin embargo, al cambiar tú mismo/a, debes poder comprometerte completamente con una cosa a la vez (o tal vez hasta dos o tres). Si tratas de mejorar todo acerca de ti mismo, te sentirás abrumado/a y no podrás trabajar en nada. Recuerda dar un paso a la vez.

Sé tú mismo/a

Aunque puedas sentir que necesitas hacer algún cambio en ti mismo/a para mejorar tu forma de ser o puedes sentir que necesitas ser como otra persona, siempre mantente fiel a ti mismo/a. Si bien un determinado hábito u objetivo puede funcionar para otra persona, es posible que no sea lo mejor para ti.

Recuerda mantenerte en contacto con lo que quieres hacer. Hay muchas personas en la Tierra, todos tienen sus propias metas, hábitos y formas de pensar. Recuerda trabajar hacia lo que quieres hacer, puedes tener éxito en tu propia área.

Es posible que te encuentres tratando de hacer felices a los demás o haciendo lo que hacen los demás.
Sin embargo, si esos no son tus objetivos, es posible que nunca estés satisfecho/a con lo que haces o que realmente no encuentres la motivación para hacerlos.

. . .

A menudo trabajamos hacia las metas de otra persona, sin embargo, si eso no te lleva directa o indirectamente a tus propios objetivos, experimentarás una fuerza de voluntad agotada. No tendrás el impulso para realizar estas tareas porque no las disfrutarás ni sentirás ninguna pasión por hacerlas.

No puedes reprimirte a ti mismo/a. Tu personalidad, preferencias y pensamientos deben estar en lo que estás haciendo cada día. Tus metas y deseos internos deben ser una prioridad en tu vida, de lo contrario, es posible que nunca encuentres la motivación para hacer lo que estás haciendo en la vida. Esto es crucial de entender, ya que todos los días debes trabajar para lograr tus propios objetivos.

Evita las tentaciones

Suena simple, ¡solo evita tus tentaciones! Esto puede ser más difícil de lo que parece. Descubre lo que te tienta en la vida y evítalo.

Para algunos, eso podría ser chocolate, es posible que no puedas resistirte a una buena barra de chocolate cuando está frente a ti. Puede que te ayude el alejarte de la tentación del chocolate: puedes limpiar tu casa de cualquier chocolate, ya que cualquiera que esté por ahí te servirá como una tentación. Esto evitará que ocurra la tentación.

• • •

Debes ser capaz de reducir la posibilidad de que ocurra esa tentación. Sin embargo, también debes desarrollar un plan para hacer frente a tus tentaciones. Tal vez vas a un evento con una fuente de chocolate; hay muchos bocadillos para sumergir en ese chocolate, y puede que te resulte difícil resistirse. Puedes permitirte chocolate una vez a la semana (o el período de tiempo que elijas). Si no has comido chocolate durante la última semana, puedes darte el gusto.

También puede pasar que cedas a un antojo porque ya has excedido tu límite. Esto es similar a las tentaciones.

Determina con qué frecuencia te permitirás disfrutar si tienes la oportunidad. Debes tener un plan para la tentación.

10

Simplifica tu vida

Hay muchas maneras de simplificar tu vida para que puedas concentrarte en lo que te quieres enfocar. Debes ser capaz de eliminar los malos hábitos, comportamientos e influencias en tu vida. Simplificar tu vida también te ayudará a eliminar las tentaciones.

Una forma de simplificar tu vida es tomarte diez minutos para meditar. Esto puede ayudarte a concentrarte mejor y simplificar tu pensamiento, en lugar de estar estresado/a y abrumado/a por todo lo que sucede. También puedes optar por ordenar físicamente: esto puede ser cualquier cosa, desde reorganizar hasta purgar tus pertenencias y espacios.

Puedes limpiar varias áreas de tu vida, como tu hogar, trabajo y automóvil.

También puedes ordenar digitalmente: tu computadora,

teléfono y cualquier otro dispositivo que uses también necesita reorganización y eliminación de vez en cuando.

También debes trabajar en mejorar tu postura. Esto puede ayudarte a concentrarte mejor y también ayudará a que tu salud mejore. Tener un diario de alimentos puede ayudar a simplificar tus hábitos alimenticios y ayudarte a realizar un seguimiento de lo que estás poniendo en tu cuerpo todos los días.

Corregir tu discurso puede ayudarte a pensar de manera más positiva e influir mejor en quienes te rodean. También puedes sentirte más motivado/a al hacer este cambio. Una última forma de simplificar tu vida es desintoxicarte de las redes sociales: esto ayudará a eliminar cualquier negatividad en tu vida que traigan las redes sociales, además te ayudará a ser más productivo/a y a eliminar la distracción que provocan las redes sociales.

Meditación de diez minutos

La meditación es un gran hábito para incorporar a tu vida.

No requiere mucho tiempo, puede ayudarte a concentrarte y puede disminuir los niveles de estrés, meditar solo diez minutos al día puede tener un gran impacto en tu productividad. Es importante tomarse un tiempo para desconectarse del mundo y deshacerse de las distracciones: meditar puede ayudarte a hacerlo.

También puede mejorar tu capacidad de concentración, ya que aprenderás a controlar tu mente y recuperar tu atención. Después de realizar múltiples tareas constantemente, es importante tomarse momentos para relajarse, y meditar te ayudará a recuperar tu enfoque y relajar tu mente. Puedes reducir la cantidad de veces que tu mente divaga y tomarte un tiempo para deshacerte realmente de las distracciones.

Meditar también puede ayudarte a recuperar tu enfoque cuando lo pierdes. Cuando estás distraído/a, puedes tener la tendencia a permanecer distraído/a por bastante tiempo. Meditar te ayudará a controlar esa reacción.

También puedes tener una mejor reacción al estrés de lo que lo harías de otra manera.

Además, meditar es muy fácil.

Puedes hacerlo en cualquier lugar en cualquier momento sin necesidad de ningún equipo. Hay muchos videos en línea que ofrecen meditaciones guiadas, también hay muchas aplicaciones para descargar para tu teléfono o tableta. La meditación es una habilidad que uno puede desarrollar para recuperar el control de su mente.

Declutter

El desorden físico puede cambiar tu vida. Si vives y trabajas en espacios llenos de desorden, tu mente también estará desordenada; si te despiertas todos los días en una habitación llena de basura, es probable que te sientas culpable, abrumado/a y estresado/a.

Y, por el contrario, rodearte de espacios limpios realmente puede ayudarte a tener la capacidad de concentrarte mejor y trabajar de manera más efectiva. Te sentirás más motivado/a y podrás trabajar en un espacio con menos distracciones. También te sentirás mucho mejor contigo mismo/a y con tu capacidad para lograr tus objetivos.

Es importante limpiar regularmente tus espacios. Tu casa, el trabajo y el automóvil deben limpiarse con regularidad.

Puedes aspirar, desempolvar y, en general, limpiar. Sin embargo, también debes revisar tus pertenencias: minimizar tus pertenencias a solo los artículos que necesitas y amas realmente puede ayudarte a sentirte mejor.

• • •

Si puedes deshacerte del apego a ciertos artículos que no necesitas ni usas, te sentirás mejor. También debes ser dueño/a de lo que te hace feliz. Tal vez tu estilo haya cambiado drásticamente, pero no has cambiado tu armario para que coincida con ese cambio; no querrás quedarte atrapado/a viviendo en el pasado, y tu armario será un recordatorio de eso. Revisaremos esto más a fondo en el siguiente capítulo.

Declutter digital

También puedes optar por ordenar digitalmente. Tu teléfono y computadora pueden estar cargados con documentos, aplicaciones y otros elementos; si te tomas un poco de tiempo para ordenar tu espacio digital, te sentirás menos estresado/a y podrás concentrarte con mayor claridad mientras usas tus dispositivos.

Tu computadora puede estar cargada con elementos que ya no necesitas. Tómate tu tiempo para organizar tu escritorio; esto es lo primero que ves cuando inicia sesión. Puedes revisar todos tus documentos y eliminar lo que no necesitas. Verifica si tienes alguna aplicación en tu computadora que no necesites, ordena tus marcadores y borra tu historial de búsqueda.

• • •

Todo esto también puede hacer que tu computadora funcione más rápido. También pasa por tu correo electrónico: si puedes reducirlo a ningún mensaje pendiente, te sentirás mucho mejor. Puedes organizar tus correos electrónicos en categorías.

Tómate un tiempo para ordenar tu teléfono, debes organizar las aplicaciones y eliminar lo que no necesites.

También puedes eliminar cualquier distracción innecesaria: revisa tu música y elimina las canciones que ya no te gustan, borra tus imágenes, haz una copia de seguridad en otro lugar o imprímelas.

Pasa por tus contactos. Elimina tus mensajes, historial de búsqueda y cualquier otra cosa que no necesites. Tomarte el tiempo para revisar tu teléfono realmente puede ayudarte: usas tu teléfono todos los días, por lo que ordenarlo te ayudará a ser más eficiente con el uso de tu teléfono.

Mejora tu postura

Una buena postura es importante para mejorar tu vida. Tus músculos y tu salud física en general se fortalecerán, y como resultado, tu columna vertebral también gozará de mejor salud, y tú parecerás más seguro/a para quienes te rodean.

Reducirá tu dolor de espalda baja, que anteriormente puede haberte servido como una distracción. La tensión de los hombros y el cuello también se puede mejorar, y experimentarás menos dolores de cabeza al usar una mejor postura.

Mejorar tu postura también puede aumentar tu energía. Una mejor postura mejora la respiración, la circulación y la digestión, puede ayudarte a aumentar tu fuerza y mejorar tu rendimiento mientras haces ejercicio.

Hay muchos ejercicios y estiramientos que puedes hacer para mejorar la fuerza de tu espalda y ayudarte a mantener una buena postura. También puedes revisarte tú mismo/a de vez en cuando. Asegúrate de que tus pies estén bien plantados en el suelo, que tu espalda esté apoyada en la silla en la que te sientas y que estés sentado/a con la espalda recta.

También puedes asegurarte de que no haya tensión causada por la forma en que estás sentado/a, ya que hacerlo puede servir como una distracción y puede dañar tu salud muscular en la espalda y el cuello.

Ten un diario de alimentos

Llevar un diario de alimentos realmente puede ayudarte a realizar un seguimiento de tus hábitos alimenticios. En lugar de abrumarte al tratar de rastrear lo que estás poniendo en tu cuerpo, puedes tener fácilmente toda esa información en un solo lugar. También puedes mejorar su salud al hacerlo.

Comer mejor puede ayudarte a tener más energía y concentrarte con mayor claridad, ya que tu cuerpo se alimentará con los nutrientes correctos para potenciar tu mente. También te sentirás más en control de tu vida, ya que tendrás tus hábitos alimenticios bajo control. Como resultado, te sentirás mejor contigo mismo/a y tendrás más confianza en tu capacidad para lograr tus objetivos.

Al llevar un diario de alimentos, es importante anotar todo lo que comes.

Podrás ver lo que estás poniendo en tu cuerpo y ser más consciente de lo que estás comiendo; también podrás ver con qué frecuencia te desvías del camino. Como resultado, sentirás más la necesidad de mantenerte encaminado/a porque tendrás que escribirlo físicamente.

Corrige tu discurso

Corregir tu discurso puede ayudarte a pensar de manera más positiva: en lugar de decir que harás lo mejor que puedas, di que lo harás; en lugar de decir que no puedes lograr algo, dite a ti mismo/a que lo lograrás. La negatividad puede encontrar su camino en tu discurso y tu discurso interno puede tener un impacto masivo en tu propia imagen y en cómo te ves a ti mismo/a como un todo.

Puedes mejorar tu confianza en ti simplemente cambiando lo que te dices. También puedes cambiar las opiniones de los demás sobre ti. Si pareces negativo/a e inseguro/a en tus habilidades, es posible que las personas no confíen tanto en ti; sin embargo, si puedes mejorar tu confianza, quienes te rodean también pueden cambiar.

También puedes encontrarte atrayendo a este tipo de personas a tu vida.

Presta atención al habla de los demás y trata de rodearte de aquellos que hablan positivamente, ya que pueden influir en ti para bien y hacerte sentir mejor.

Realiza una desintoxicación de las redes sociales

Las redes sociales pueden ser bastante tóxicas, puede llegar a ser muy molesto. Con todas las plataformas disponibles hoy en día, puede ser bastante fácil dejarse atrapar por las redes sociales. Puedes estar simplemente revisando tus notificaciones y encontrarte todavía desplazándote horas más tarde.

También puede ser una fuente de negatividad. La gente se jacta y se queja constantemente. Puedes ver cómo los demás están viviendo sus vidas y volverte consciente de tus defectos o fracasos percibidos. Puedes ver los pensamientos negativos de los demás y comenzar a pensar negativamente también. Por eso es importante hacer una desintoxicación de las redes sociales.

Debes tomarte un tiempo lejos de las redes sociales de vez en cuando. Si bien no puedes interrumpir por completo tu comunicación con todos, a veces debes interrumpir el uso de las redes sociales.

Esto es necesario para reducir cualquier negatividad, eliminar las distracciones y encontrarte a ti mismo/a.

A veces, puedes encontrar que tus objetivos se pierden porque estás tan atrapado/a en la vida de los demás. Es posible que pases demasiado tiempo en las redes sociales, incluso puedes sentir que tienes una adicción a las redes sociales, llegando incluso a comprar más de lo que normalmente harías, ya que los anuncios son bastante comunes entre las diferentes plataformas.

Tomarte un tiempo lejos de las redes sociales puede ayudar a reducir tu dependencia de las redes sociales y permitirte concentrarte en tus otros objetivos. Incluso puedes decidir que te gusta tanto estar lejos de las redes sociales que decidas eliminarlas por completo para poder concentrarte en otros aspectos de tu vida.

Establecer una cantidad fija de tiempo para el uso diario o semanal de las redes sociales también puede resultar útil. Es posible que ni siquiera te des cuenta de cuánto tiempo pasas en las redes sociales, para empezar. Hacer un seguimiento de su uso puede ser una buena idea para que puedas descubrir cuánto tiempo realmente las usas (y si puede ser problemático). Las redes sociales pueden obstaculizar tu éxito.

11

Ordenar tu entorno

Nuestro entorno realmente nos afecta de maneras profundas que no siempre son obvias ni se sienten de inmediato. Un empleado que debe realizar sus tareas en un entorno incómodo inevitablemente tendrá un rendimiento inferior al de otro empleado en un entorno cómodo y limpio.

Piensa en cómo te sientes después de una buena limpieza profunda de tu hogar (¡esperemos que hayas hecho esto al menos una o dos veces!). ¿No se siente bien mirar alrededor y ver una casa limpia? Levanta el ánimo y despeja la mente, al igual que sucede con el espacio físico antes de que haya sido despejado.

El desorden en el entorno de nuestro hogar a veces puede ser directamente proporcional al desorden en nuestras mentes. Entonces, ¡organicémonos! Es importante tener en cuenta que esta no es otra solución única para todos, cada persona tiene una personalidad, un estilo y un nivel de comodidad diferentes en lo que respecta a la organización del hogar, y tener un hogar impecable no garantiza automáticamente un gran aumento de la productividad.

El hecho es que ordenar tu hogar solo puede mejorar tu mentalidad, entonces, ¿por qué no hacer el esfuerzo? Si vives con una pareja, un ser querido o un compañero de cuarto, querrás discutir este plan antes de simplemente mover todo o tirar cosas. Debe ser un esfuerzo conjunto si se trata de un espacio de convivencia común.

Es muy probable que una vez que describas lo que te gustaría hacer, ¡tus compañeros de vida estarán de acuerdo! Pero primero, examinemos por qué puede ser vital reorganizar y ordenar el hogar: el acaparamiento y la desorganización son buenos indicadores de que hay algunas cosas que necesitan ser enderezadas y organizadas en la mente.

Nuestro entorno exterior es a menudo un reflejo del entorno de nuestra mente. Mira alrededor de tu hogar o espacio vital personal. ¿Cómo te hace sentir la forma en que se ve ahora? ¿Te hace sentir triste? ¿Abrumado/a?

A veces, nuestra falta de organización puede salirse de control cuando empezamos a sentir que no podemos controlarla.

Siempre es inútil tratar de abordar los efectos externos antes de lidiar con los efectos internos del pensamiento excesivo, el estrés, la ansiedad o la depresión. Si no abordas el proceso de pensamiento y los malos hábitos, incluso si logras limpiar tu espacio, es muy probable que comiences a verte como antes dentro de semanas o incluso días.

Si has visto el programa de televisión *Hoarders*, sabrás que gran parte del hábito de un acumulador tiene que ver con un apego emocional relacionado con algún tipo de experiencia traumática en sus vidas. Si así eres tú y has tomado medidas para mejorar tus procesos de pensamiento, entonces estás en una buena posición para comenzar a abordar tu espacio vital personal.

Ten en cuenta que este proceso se aplica principalmente a aquellos de nosotros que necesitamos ayuda con algo que se ha convertido en una tarea abrumadora.

Es posible que no tengas problemas para mantener tu hogar organizado y limpio, y eso es excelente; para aquellos a los que se les puede describir así, mi consejo sería que pensaran en introducir en su hogar otro elemento que cultive la relajación y el confort.

. . .

Tal vez una pequeña planta a la que puedas prestarle atención durante la semana, o una placa con una cita motivacional que puedas colocar en la pared donde la verás todos los días. Cualquier tipo de pequeño recordatorio que pueda darse cada día a medida que avanzas en tu viaje puede ser un gran impulso en la confianza.

Pero si tú eres uno o una de los muchos que siente que tiene una enorme tarea entre manos, empecemos desde el principio. El primer paso es dar un paso atrás y aceptar que tendrás que dar un paso a la vez; no mires toda la casa y te sientas abrumado/a porque nunca podrás organizarlo todo.

Debes comenzar con una habitación, tal vez incluso la habitación más pequeña. Mira alrededor de esta habitación y piensa en cómo llegaron estas cosas allí y por qué están allí. ¿Te da una punzada de incomodidad o tristeza solo mirar tus cosas? Si es así, entonces es un problema que definitivamente necesita ser abordado.

Necesitarás algunas cajas o bolsas diferentes porque los diferentes artículos estarán destinados a diferentes futuros.

Puede ser útil tener a alguien en quien confíes para que te ayude a decidir cuál es cuál. Una caja debe estar etiquetada como donación y estas son las cosas que están en un estado razonablemente bueno pero que no necesitas. No se trata de si puedes o no encontrarle un uso en el futuro: si ha estado allí durante meses y no lo has tocado, lo más probable es que realmente no lo necesites. Pásalo.

También necesitarás una bolsa para la basura. A veces, cuando hemos desarrollado una emoción negativa asociada con el apego, puede ser doloroso dejar las cosas a las que nos hemos aferrado durante mucho tiempo.

Piensa en tus objetivos al ordenar tu entorno: pesa la importancia de este o aquel objeto frente a lo que estás tratando de lograr en tu vida.

Si la reacción emocional asociada a ese objeto encaja en la categoría de obstáculo en el viaje de tu vida, entonces debes deshacerte de él. Tal vez alguien que conozcas pueda guardártelo si no puedes tirar a la basura o donar algo, pero aferrarse a él solo te seguirá reteniendo.

Una tercera, cuarta y quizás quinta caja debe estar presente para aquellas cosas que estás guardando y necesitas organizar. Tal vez haya algo en esta habitación que tendría más sentido en otra habitación, etc.

Antes de reorganizar estas cosas, querrás levantar todo del piso o sacarlo de la habitación para poder aspirar o barrer correctamente los pisos después de quitar el polvo de las esquinas del techo, el ventilador de techo y las persianas, y limpiar las mesas u otras superficies en toda la habitación. ¡Te resultará mucho más agradable organizar y redecorar la habitación una vez que esté bonita y limpia!

Este es el proceso que seguirás para el resto de tu espacio.

Si comienza a ser abrumador, tómate un descanso. No tienes que hacerlo todo en un día. Sigue recordándote el gran e importante paso que estás dando para mejorar tu vida.

Las áreas como la cocina y el baño pueden resultar ser las más laboriosas. Recuerda quitar y organizar los artículos antes de tratar de limpiar las superficies, ya que esto solo te frustrará y conducirá a un nivel de limpieza subóptimo.

Si puedes permitírtelo, puedes considerar contratar un servicio de limpieza profesional para limpiar solo algunas de las habitaciones más difíciles de la casa.

Si tus espacios se encuentran en un estado realmente malo, no te avergüences. Solo asegúrate de haber eliminado y tirado a la basura todos los elementos que necesitas fuera del camino. Muchos servicios de limpieza ofrecerán excelentes tarifas introductorias para nuevos clientes y servicios únicos.

Hay muchas opciones para deshacerte de los artículos que has reconocido que no necesitas o no usas. Puedes encontrar cajas de donación en tiendas, o tal vez haya una iglesia a la que puedas donar si tienes artículos como ropa de bebé o juguetes. Otra opción es tener una venta de garaje, haz un poco de efectivo por esos artículos y ten la seguridad de que alguien más les dará un buen uso.

Minimalismo

Me gustaría presentar un concepto y estilo de vida que ha ido ganando popularidad en los últimos años.

No digo que todos los que lean este libro deban deshacerse inmediatamente del 90 % de sus cosas y adoptar este estilo de vida, pero sí creo que hablar un poco de este tema te abrirá la mente a las posibilidades y la mentalidad positiva que cultiva el minimalismo.

El minimalismo es un concepto bastante simple. Los practicantes se reducen a lo esencial de la vida para convertirse al estilo de vida más simple y sostenible posible. Los sistemas de creencias y las razones para adoptar un estilo de vida minimalista varían de una persona a otra: muchos tienen ciertas creencias y valores en común, como cuidar su entorno y disminuir sus propias "huellas ecológicas" en la tierra.

Muchos practicantes son adultos jóvenes que se han "agotado" (¿suena familiar?) en nuestra carrera económica actual sobre la profesión y carrera y simplemente cambiaron de enfoque después de darse cuenta de que no les gustaba la dirección en la que se dirigían.

Esta comprensión es similar en muchos aspectos a la comprensión que pudiste haber tenido antes de leer este libro: que tu forma actual de vivir con una mente superpoblada y el pensar demasiado es la antítesis de lo que quiere de la vida, o de tus metas, o del camino a tu felicidad, o a todas estas cosas combinadas.

Un cambio al minimalismo es un movimiento que se aleja del estilo de vida abrumadoramente materialista, caótico y estresante de ganancias sin parar. Es un despido de todas estas cosas que te rodean y que forman una jaula y una adicción por más. Cuando soltamos cosas que nos tienen atrapados emocionalmente, como un acaparador que decide hacer un cambio y deshacerse de objetos innecesarios, hay una enorme ola de libertad y claridad esperándonos para reclamar.

. . .

El minimalismo es quizás la analogía más directa de cómo lo que sucede dentro de nuestras mentes puede coincidir con lo que sucede en nuestro entorno inmediato. Casi se puede describir como un ritual espiritual en el que te dedicas a mantener la mentalidad de claridad y presencia todos los días por el resto de tu vida. El estilo de vida simple que te rodea es un recordatorio constante de los cambios mentales que han tenido lugar.

Una de las adicciones más poderosas de la sociedad moderna es, por supuesto, el dinero. Si tuviera que adivinar, diría que tu lista inicial de pensamientos sobre hacinamiento incluía preocupaciones financieras, probablemente en algún lugar cerca de la parte superior.

Y tiene sentido, ¿verdad? Hoy es imposible vivir sin dinero.
Y todo cuesta más y más a medida que envejecemos y adquirimos más.

Esas compras que se suponía que nos traerían conveniencia y libertad resultan ser trampas de dinero, como nuestros vehículos. Algunas personas sienten que necesitan el SUV más grande del mercado para adaptarse a sus estilos de vida urbanos sin niños… bueno, puede que me esté desviando.

¿Pero ves a dónde voy? Esta cultura que necesita la mentalidad de más, más, más conduce a nada más que vacío, confusión, tristeza y una mente abrumada influenciada por todos que intentan decirnos lo que necesitamos.

Si tuviéramos la última versión de iPhone, ¡todos nuestros problemas desaparecerían! Si me cambiara el pelo y me hiciera mechas, me sentiría más bonita y la vida sería más fácil. ¡Si puedo conseguir ese trabajo y trabajar más horas, seré más rico y feliz! La lista podría continuar para siempre.

Ahora tienes una idea más clara de la mentalidad detrás del minimalismo. No se trata solo de deshacerse de cosas para ahorrar dinero, aunque eso es una ventaja.

Se trata de liberar tu mente del desorden que la vida te arroja: cosas que se cree falsamente que ofrecen aquello que solo se encuentra en las relaciones y conexiones personales, la reflexión, la creatividad, los sistemas de creencias, etc.

El dinero realmente no puede comprar la felicidad. La felicidad en sí misma es algo fluido que sucede espontáneamente a partir de experiencias personales de la vida que rara vez tienen algo que ver con el dinero. Entonces, ¿qué tan extremo es este minimalismo? Bueno, si estás interesado/a, hay un mundo completamente nuevo de lo que se llama "casas diminutas" que han ido creciendo en popularidad.

. . .

Ahora, estoy seguro de que en este punto esto es probablemente demasiado extremo para ti, pero sigue siendo algo fascinante para ver si tienes curiosidad. Las casas diminutas son solo eso: muy, muy diminutas. Pueden ser tan pequeñas como tu baño y contener solo el mínimo de comodidades modernas: tienes un lugar para dormir, un lugar para cocinar comidas sencillas, tal vez un área pequeña para almacenar una cantidad muy, muy pequeña de posesiones y... ¡eso es todo!

La idea es que los seres humanos realmente no necesitamos todas estas cosas que los especialistas en marketing nos dicen que necesitamos. De hecho, podemos vivir con un régimen muy simple de comida sencilla, saludable y respetuosa con el medio ambiente y la alegría de estar cerca de las personas que amamos.

Aplicar este principio a tu propia vida puede ayudarte a ver cuán frívolas y sin importancia fueron muchas de tus preocupaciones y angustias pasadas. Estamos condicionados a sentir un vacío y a sentir la necesidad de llenar ese vacío con cosas; cuando esas cosas comienzan a saturar nuestros hogares y entornos personales, podemos ver un paralelo directo entre este entorno y el que está dentro de nuestras mentes.

Ordenar tu hogar y dar paso a un nuevo comienzo es invaluable para apoyar el esfuerzo de ordenar tu mente.

. . .

Tómate el tiempo que necesites para completar este importante paso, y pronto estarás listo/a para desarrollar tu nuevo y mejorado yo. Una vez que hayas dado pasos hacia la limpieza de tu hogar, descubrirás que no solo puedes moverte más libremente por tu espacio, ¡sino que tu pensamiento también se vuelve más claro!

Todos estos pasos se incluyen juntos por una razón y trabajarán juntos para ti a medida que avanzas.

Una vez que hayas llegado a este lugar, mira alrededor de tu casa y respira profundamente. Este es tu nuevo lienzo para crear tu vida de la forma en que siempre quisiste vivirla; el próximo paso en nuestro viaje es comenzar a concentrarnos en formar buenos hábitos que, como lo hemos hablado, cultiven su victoria continua sobre la sobrecarga de información y el pensamiento excesivo.

Este es un lugar al que muchas personas nunca llegan, así que date una gran palmadita en la espalda. Este también puede ser un buen momento para pensar en las personas más cercanas a ti en tu vida. ¿Tienes un ser querido o un amigo cercano que parece estar en el mismo barco que tú en términos de necesidad de administración y facilitación de la vida? Tal vez podrías buscar un compañero para que te ayude a trabajar en la formación de buenos hábitos. En el camino, ¡podrías construir drásticamente otra vida en el proceso!

12

Consejos y trucos finales

Ahora que ya has ordenado y simplificado tu vida, debes tener algunos consejos y trucos finales. Estas son algunas formas finales en las que puede ayudarte a mejorar tus hábitos y poner tu trabajo en práctica. Puedes obtener algunos consejos de última hora sobre cómo mejorar tu vida.

Cuando elimines la procrastinación, serás mucho más exitoso/a. Podrás concentrarte en lo que necesitas y quieres hacer en lugar de prestar atención a las distracciones que pueden obstaculizar tu éxito. Te sentirás libre de estas distracciones y podrás lograr mucho más.

Es importante conocer algunos consejos sencillos que te ayudarán a vencer la procrastinación y administrarte de una vez por todas.

Puedes usarlos para ayudarte en tu viaje hacia una vida libre. También debes aprender algunas formas finales en las que puedes eliminar por completo las distracciones de tu vida, esto te ayudará a concentrarte verdaderamente en lo que necesitas y no caer en la tentación de las distracciones.

Hay algunos consejos finales para aprender cómo puedes aumentar tu productividad. Todos tienen sus propias formas que funcionan para ellos, y puedes probar algunas nuevas formas de salir de ti mismo/a. También debes aprender a crear y cumplir con los plazos autoimpuestos para capacitarte.

El seguimiento de tus gastos es otra gran habilidad para aprender. Debes volverte más consciente de tus decisiones automáticas, ya que es posible que ni siquiera seas consciente de ellas. Finalmente, usar la mano opuesta puede entrenar tu cerebro.

Derrota la procrastinación

Hay muchas formas de mejorar tus hábitos y eliminar la procrastinación. Una forma de vencerla es prestar mucha atención a las tareas de alta prioridad.

. . .

La noche anterior, piensa en uno o tres elementos que debes completar en tu lista de tareas pendientes antes del final del día siguiente.

Haz que tu objetivo sea completar estos elementos y no te permitas pasar todo el día sin lograr estos elementos. Al familiarizarte con la importancia de trabajar hacia tus metas, eliminarás la tentación de detenerte en tareas que son de poca importancia, podrás trabajar para vencer la procrastinación.

Cada vez que te encuentres enfocándote en otras tareas o descuidando lo que deberías estar haciendo, convéncete de su importancia. No te permitas comenzar una tarea sin terminarla o sin tener un tiempo establecido en el que realmente te dediques a terminarla.

En lugar de decir que completarás una tarea "más tarde", establece un tiempo real en el que la completarás, debes quedarte con este tiempo.

No esperes hasta que estés "en el estado de ánimo adecuado", nunca habrá un momento perfecto si tienes esta mentalidad. Debes colocar la realización de tus objetivos por encima de otras tareas sin importancia.

. . .

Elimina las distracciones

Las distracciones pueden ser bastante tentadoras para ceder. Es posible que te distraigas por una serie de factores. Una vez que te distraes, puede ser difícil recuperar la concentración y también puedes encontrarte justificando la procrastinación debido a esas distracciones.

Debes aprender a evitar las distracciones para que puedas concentrarte en lo que importa. Una forma de eliminar las distracciones es separarte de ellas: decide qué te distrae y aléjate de ello. Guarda tu teléfono o cualquier cosa que pueda distraerte de tu trabajo. Puedes optar por silenciar o desactivar tus notificaciones.

También puede ser útil que te des descansos fijos. De esa manera, puedes dedicarte por completo a un período de tiempo determinado sabiendo que tendrás un tiempo específico que puedes permitirte ceder a las distracciones de las que te prives mientras trabajes.

También puedes preparar todo antes de tu horario de trabajo especificado para que puedas estar libre de distracciones mientras trabajas.

. . .

Si siempre necesitas usar el baño o tomar un refrigerio mientras trabajas, ve al baño y toma un refrigerio de antemano para evitar esto antes de comenzar a trabajar.

Sería bueno rodearte de personas que respeten tu tiempo de trabajo. Si debes hacerlo, hazles saber a las personas que te rodean que respeten tu tiempo de trabajo para que puedas lograr lo que debes. Permítete estar en un entorno tranquilo y sin distracciones para maximizar tu productividad.

Otras formas de aumentar la productividad

Puedes aumentar tu productividad de otras formas. Una forma es prestar atención a tu salud. Cuando estés bien descansado/a, hagas ejercicio adecuadamente y comas bien, podrás concentrarte mejor y lograr más. Beber suficiente agua también es importante para maximizar tu capacidad de pensar bien.

Puedes comenzar con las tareas más difíciles o importantes para tenerlas fuera del camino. Date cosas que esperar, así, el comenzar con las tareas más difíciles para que después tengas un día más fácil te motiva.

También puedes tener un incentivo para trabajar, como lo hemos dicho, intenta convertirlo en un juego. Ve cuánto puedes lograr en una hora. Puedes establecer metas más pequeñas para lograr y divertirte mientras lo haces, esto puede ayudarte a ver la productividad como un juego. Te fijas metas y las cumples: parece menos trabajo cuando lo ves de esta manera, por lo que puede ser más divertido para ti y te sentirás más motivado/a para hacerlo.

Puedes dejar de realizar múltiples tareas, aunque parece más productivo hacerlo, la multitarea en realidad puede generar más trabajo para ti. A menudo te comprometerás con múltiples tareas a la vez y perderás calidad en tu trabajo. También será más probable que abandones una tarea y no la completes. En su lugar, debes aprender a dedicarte por completo a una tarea y terminarla antes de pasar a la siguiente tarea.

Crea y cumple plazos autoimpuestos

Para aumentar tu productividad, debes aprender a crear y cumplir plazos autoimpuestos. Esto te capacitará para cumplir mejor con los plazos reales.

A lo largo del día, debes esforzarte por crear y cumplir con los plazos, incluso si son innecesarios: debes apuntar a lograr estos y aprender a cumplir con los plazos para las tareas que son importantes.

. . .

Puedes decidir qué plazos crear para ti. Es útil crear plazos para las tareas que son de mayor prioridad, esto te permitirá asociar tareas importantes con eficiencia.

Aprenderás cómo lograr lo que necesitas en el tiempo que te propongas, también te ayudará a terminar las cosas más rápido, ya que te acostumbrarás a cumplir los plazos.

Cuando los establezcas tú mismo/a, será más fácil cumplir con los plazos reales. Puedes optar por establecer plazos para las tareas que no tienen ningún plazo.

También puedes elegir tareas que tienen una fecha límite predeterminada y modificarlas: tal vez dividas la tarea y trates de terminar la mitad en la mitad del tiempo que se debe.

También es posible que desees terminar una tarea antes de la fecha límite para tener tiempo adicional en caso de que sea necesario.

Al ser capaz de cumplir con los plazos que no son totalmente necesarios, te estás preparando para el éxito. Aprenderás a dar mayor importancia a los plazos, de esta forma, podrás aceptarlos cuando sea necesario.

. . .

Haz un seguimiento de tus gastos

Hacer un seguimiento de tus gastos es otra excelente forma de mejorar tu vida. También puede ayudarte con otras habilidades, como mejorar tu productividad; tendrás más control sobre tus acciones y serás más consciente de cómo gastas tu dinero. Esto te ayudará a desarrollar un mejor autocontrol.

A menudo gastamos dinero sin pensar en ello. Puede ser bastante fácil configurar transferencias automáticas y deslizar tu tarjeta sin pensar dos veces cuánto dinero tienes o cuánto estás gastando. Es posible que no lo pienses dos veces antes de realizar compras, es posible que no consideres si realmente necesitas un artículo, ya que las compras pueden convertirse en una actividad espontánea.

Los anuncios constantes pueden crear una necesidad repentina de un determinado artículo que antes ni siquiera conocías.

Es importante pensar dos veces antes de gastar dinero.

También puedes darte un período de tiempo para pensar más si realmente deseas comprar el artículo.

Al realizar un seguimiento de tus gastos, serás más consciente de lo que estás utilizando tu dinero para comprar.

Puedes darte cuenta de que tienes ciertas áreas en las que gastas más que otras, esto puede ayudarte a darte cuenta de lo que te interesa o en lo que estás desperdiciando tu dinero.

El seguimiento de tus gastos también puede ayudarte a ahorrar dinero y a manejar la procrastinación. Cuando aprendas a administrar tu dinero, mejorarás en el manejo de tu vida en general, aprenderás lo que es importante y lo que es una distracción de tu objetivo.

Cuando puedas establecer y alcanzar metas financieras, tendrás un mejor control de tu vida. Tener un mejor control de tu vida puede ayudarte a sentirte más seguro/a y a asumir una mayor responsabilidad por tus acciones.

Ya no sentirás que tu vida te controla.

Sé consciente de las decisiones automáticas

A menudo tomamos muchas decisiones automáticas. Nos acostumbramos tanto a ellas que sentimos que son necesarias y no nos lo pensamos dos veces antes de hacerlas; sin embargo, esto puede sumar.

Por ejemplo, es posible que tengas facturas periódicas que pagar todos los meses. Puedes pagar tu hipoteca, tu factura de electricidad, tu factura de teléfono, seguro, membresía de gimnasio, facturas de televisión, servicios de música y otras facturas y suscripciones. Todo esto puede parecer necesario: tal vez tu membresía en el gimnasio solo cueste $20 por mes…

Esto puede no parecer mucho, pero suma cuando se combina con todas las otras facturas. En lugar de pagar todas esas facturas todos los meses sin pensarlo dos veces, puedes considerar lo que realmente necesitas. Tal vez nunca vas al gimnasio y prefieres correr por tu vecindario y hacer ejercicios en casa. ¡Eso puede ahorrarte $240 por año!

Quizás siempre dices que sí a todo. Cuando tienes una tarea importante que completar, es posible que no puedas decirle que no a un amigo que necesita ayuda o a un compañero de trabajo que quiere hablar. Sin embargo, es posible que desees repensar eso. Debes poner un valor a lo que encuentras importante en la vida.

Ceder a las distracciones sin pensarlo dos veces puede afectar tu capacidad para trabajar. En su lugar, piensa en todo lo que haces a diario, semanalmente, mensualmente y anualmente de forma automática. ¿Todo esto le agrega valor a tu vida? Si no es así, es posible que desees reconsiderar y cambiar esos hábitos. Comienza a ser más consciente de lo que haces automáticamente.

Usa tu mano opuesta

Usar tu mano opuesta realmente puede ayudarte a mejorar tu función cognitiva. Te permitirá desafiarte a ti mismo/a y fortalecer tu capacidad de adaptación a nuevas situaciones, también puedes sentirte más cómodo/a con la incomodidad.

Usar tu mano no dominante puede ayudarte a crecer, puede ayudarte a ser más creativo/a y aumentar tu capacidad para aprender cosas nuevas.

Hay muchos beneficios al usar la mano opuesta. Hay muchas maneras en las que puedes usar tu mano no dominante.

Puedes intentar escribir con la mano opuesta. Tal vez puedas comer y beber con esa mano. Trata de cepillarte los dientes con la otra mano de vez en cuando. Aunque no tienes que cambiar completamente de manos, realmente puede ayudarte a estimular tu cerebro haciéndolo una vez de vez en cuando.

. . .

Es posible que tengas una determinada actividad para la que uses la mano opuesta. Al diversificar el uso de tus manos, puedes mejorar el enfoque de tu mente. Puedes mejorar tus niveles de concentración.

Conclusión

Ya que has llegado a este punto del libro, ahora estás armado/a con lo único que necesitas para mejorar, y eso es el conocimiento. Ahora sabes cómo administrar tu vida y ser más eficiente con los pasos que tomas para cumplir tus metas.

Esperemos que este libro haya sido informativo y capaz de brindarte todas las herramientas que necesitas para administrar tu vida y hacer más de ella con menos. Es crucial que puedas lograr todas tus metas en la vida, sólo hay veinticuatro horas en cada día y debes aprender a aprovechar al máximo ese tiempo.

Gracias por leer este libro, espero que esto haya podido ayudarte a manejar tu mente y llevar una vida mejor.

. . .

Aplica lo que has aprendido en estas páginas, céntrate en ser una persona disciplinada, detener tu procrastinación, adoptar hábitos que te ayuden a cumplir tus metas y simplifica tu vida. Puedes hacer de tu vida lo que desees de ella. ¡La mejor de las suertes!

www.ingramcontent.com/pod-product-compliance
Lightning Source LLC
Chambersburg PA
CBHW072017070526
44583CB00015B/1518